ESTILHAÇOS DE PAIXÃO E BELEZA
A TOMADA DE CONSCIÊNCIA EM *A PAIXÃO SEGUNDO G.H.* (1964), DE CLARICE LISPECTOR, E *LES BELLES IMAGES (1966)*, DE SIMONE DE BEAUVOIR

Editora Appris Ltda.
1.ª Edição - Copyright© 2024 da autora
Direitos de Edição Reservados à Editora Appris Ltda.

Nenhuma parte desta obra poderá ser utilizada indevidamente, sem estar de acordo com a Lei nº 9.610/98. Se incorreções forem encontradas, serão de exclusiva responsabilidade de seus organizadores. Foi realizado o Depósito Legal na Fundação Biblioteca Nacional, de acordo com as Leis nᵒˢ 10.994, de 14/12/2004, e 12.192, de 14/01/2010.

Catalogação na Fonte
Elaborado por: Josefina A. S. Guedes
Bibliotecária CRB 9/870

F676e 2024	Fonseca, Ludmilla Carvalho Estilhaços de paixão e beleza: a tomada de consciência em A paixão segundo G.H. (1964), de Clarice Lispector, e Les belles images (1966), de Simone de Beauvoir / Ludmilla Carvalho Fonseca. – 1. ed. – Curitiba: Appris, 2024. 179 p. ; 23 cm. – (Linguagem e literatura). Inclui referências. ISBN 978-65-250-5968-6 1. Literatura – História e crítica. 2. Lispector, Clarice, 1920-1977. 3. Beauvoir, Simone de, 1908-1986. I. Título. II. Série. <div align="right">CDD – 809</div>

Livro de acordo com a normalização técnica da ABNT

Appris
editora

Editora e Livraria Appris Ltda.
Av. Manoel Ribas, 2265 – Mercês
Curitiba/PR – CEP: 80810-002
Tel. (41) 3156 - 4731
www.editoraappris.com.br

Printed in Brazil
Impresso no Brasil

Ludmilla Carvalho Fonseca

ESTILHAÇOS DE PAIXÃO E BELEZA
A TOMADA DE CONSCIÊNCIA EM *A PAIXÃO SEGUNDO G.H.* (1964), DE CLARICE LISPECTOR, E *LES BELLES IMAGES (1966)*, DE SIMONE DE BEAUVOIR

FICHA TÉCNICA

EDITORIAL
: Augusto V. de A. Coelho
Sara C. de Andrade Coelho

COMITÊ EDITORIAL
: Marli Caetano
Andréa Barbosa Gouveia - UFPR
Edmeire C. Pereira - UFPR
Iraneide da Silva - UFC
Jacques de Lima Ferreira - UP

SUPERVISOR DA PRODUÇÃO
: Renata Cristina Lopes Miccelli

PRODUÇÃO EDITORIAL
: Daniela Nazario

REVISÃO
: Katine Walmrath

DIAGRAMAÇÃO
: Renata Cristina Lopes Miccelli

CAPA
: Lucielli Trevisan

COMITÊ CIENTÍFICO DA COLEÇÃO LINGUAGEM E LITERATURA

DIREÇÃO CIENTÍFICA
: Erineu Foerste (UFES)

CONSULTORES
: Alessandra Paola Caramori (UFBA)
Alice Maria Ferreira de Araújo (UnB)
Célia Maria Barbosa da Silva (UnP)
Cleo A. Altenhofen (UFRGS)
Darcília Marindir Pinto Simões (UERJ)
Edenize Ponzo Peres (UFES)
Eliana Meneses de Melo (UBC/UMC)
Gerda Margit Schütz-Foerste (UFES)
Guiomar Fanganiello Calçada (USP)
Ieda Maria Alves (USP)
Ismael Tressmann (Povo Tradicional Pomerano)
Joachim Born (Universidade de Giessen/Alemanha)
Leda Cecília Szabo (Univ. Metodista)
Letícia Queiroz de Carvalho (IFES)
Lidia Almeida Barros (UNESP-Rio Preto)
Maria Margarida de Andrade (UMACK)
Maria Luisa Ortiz Alvares (UnB)
Maria do Socorro Silva de Aragão (UFPB)
Maria de Fátima Mesquita Batista (UFPB)
Maurizio Babini (UNESP-Rio Preto)
Mônica Maria Guimarães Savedra (UFF)
Nelly Carvalho (UFPE)
Rainer Enrique Hamel (Universidad do México)

Que ninguém se engane, só consigo a simplicidade através de muito trabalho.

(Clarice Lispector, 1998, p. 11)

*Nunca acreditei no caráter sagrado
da literatura.*

(Simone de Beauvoir, 2013, p. 44)

SUMÁRIO

INTRODUÇÃO 9

ELAS TOMARAM CONSCIÊNCIA — A EPIFANIA, O HÁPAX EXISTENCIAL E A TOMADA DE CONSCIÊNCIA 11

Literatura comparada 11

A crítica literária feminista 12

A crítica feminista existencialista 15

A epifania 17

O hápax existencial 19

A tomada de consciência 21

Elas tomaram consciência 24

Sufragistas e socialistas: a igualdade de direitos 31

Feministas libertárias: a liberdade do corpo 35

O feminismo anarquista 36

O anarco-feminismo: Mujeres Libres e a Revolução Espanhola 38

A literatura socialista libertária e anarco-feminista 40

ELEMENTOS DA NARRATIVA EM *A PAIXÃO SEGUNDO G.H.* E *LES BELLES IMAGES* 41

Elementos paratextuais em A paixão segundo G.H. 41

Título: os devaneios da intimidade 44

Dedicatória: para pessoas de almas formadas 46

Epígrafe: a tradução atrasada 49

Elementos da narrativa em A paixão segundo G.H. 52

Elementos paratextuais em Les belles images 64

Título: estilhaços de beleza 70

Elementos da narrativa em Les belles images 73

ESTILHAÇANDO PAIXÃO E BELEZA: G.H. E LAURENCE TOMAM CONSCIÊNCIA 93

A pré-tomada de consciência de G.H. 94

A tomada de consciência de G.H. 109

A pré-tomada de consciência de Laurence 125

A tomada de consciência de Laurence 155

CONSIDERAÇÕES FINAIS 165

REFERÊNCIAS 167

INTRODUÇÃO

A tomada de consciência permeia a literatura de Clarice Lispector e de Simone de Beauvoir, e recebe destaque ao longo das narrativas através do tema da *paixão*, em *A paixão segundo G.H.*, e do tema da *beleza*, em *Les belles images*. Por isso, *estilhaços de paixão e beleza*: a tomada de consciência é o traço de aproximação entre as obras, nas quais as escritoras estabelecem, cada uma a seu modo, rupturas na superficial condição existencial da vida cotidiana das personagens protagonistas.

Ao longo da narrativa, essa condição de imobilidade e suposto equilíbrio se mostra como uma situação de dominação e angústia, sustentada pelos valores de beleza e de paixão, que são, por sua vez, estilhaçados na medida em que essas mulheres passam a contestar seus destinos, jogando por terra todos aqueles valores morais e estéticos legados pela sociedade em geral e, sobretudo, pelo modelo patriarcal segundo o qual esta se configura.

Dessa forma, busca-se demonstrar como se dá o processo de tomada de consciência nas personagens dos romances em questão, englobando desde a sua origem (hápax existencial), o decorrer desse processo, e em que aspectos essas personagens modificam seu modo de pensar a condição social na qual estão inseridas e a condição existencial feminina; ou seja, almeja-se mostrar como essas personagens se comportam e como elas pensam antes da tomada de consciência, como se dá essa tomada, e como elas passam a agir depois desse processo, já que há uma profunda mudança a partir desse acontecimento, graças ao qual é reconstruído o conceito de ser mulher, e mais especificamente, no caso de G.H., é revista a noção de paixão, e no que tange à Laurence, é repensada a noção de beleza.

Essas duas mulheres mostram um novo significado para esses termos que, nos romances, adquirem caráter filosófico, distanciando-se de suas acepções superficiais. Partindo do conceito de paixão e de beleza, noções que, de um modo geral, foram postas para forjar o ser mulher pela interpretação androcêntrica, esses romances apresentam a tomada de consciência por uma perspectiva ampla, abarcando todo o processo de ruptura da condição de dominação a que a mulher está submetida, resultando nos estilhaços dessas representações formatadoras.

As narrativas conduzem a leitora e o leitor por diversos caminhos convergentes: os recursos narrativos, o caráter ideológico que portam as obras, os temas e, principalmente, a maneira como elas elaboram a tomada de consciência das personagens. Recurso esse que possibilita a reflexão existencial ou existencialista feminista nas obras, garante o questionamento do patriarcado, e faz com que o romance, através da tomada de consciência, dentre outros elementos narrativos, funcione como um instrumento que estimule a mulher a refazer seus caminhos e lutar por liberdade.

No primeiro capítulo, intitulado "Elas tomaram consciência — a epifania, o hápax existencial e a tomada de consciência", foram discutidos esses conceitos, e também, foi elaborado um percurso do pensamento feminista que norteou o feminismo de matriz existencial.

No segundo capítulo, "Elementos da narrativa em *A paixão segundo G.H.* e *Les belles images*", foram analisados os elementos paratextuais e os elementos da narrativa dos romances, objetos de análise deste trabalho.

No terceiro capítulo, "Estilhaçando paixão e beleza: G.H. e Laurence tomam consciência", foram abordados os processos de pré-tomada de consciência e tomada de consciência das personagens protagonistas, bem como a pós-tomada de consciência das personagens, evidenciando a ruptura existencial que elas vivenciaram ao longo da narrativa, vinculada aos processos de epifania, hápax e tomada de consciência. No capítulo três foi feita a comparação entre G.H. e Laurence, destacando os elementos de aproximação e de contraste entre ambas.

As personagens G.H. e Laurence passam pelo processo de tomada de consciência, rompem com um modelo de sociedade androcêntrica e burguesa, e ressignificam dois elementos que aprisionam a mulher: paixão e beleza, respectivamente. Devido à ruptura com o caráter banal e superficial de paixão e de beleza, estes são completamente ressignificados e ganham profundidade e conteúdo ao serem associados à liberdade e a uma nova condição existencial de ser mulher.

ELAS TOMARAM CONSCIÊNCIA — A EPIFANIA, O HÁPAX EXISTENCIAL E A TOMADA DE CONSCIÊNCIA

Recuso-me a permitir que você, por mais bedel que seja, me mande sair do gramado. Tranque suas bibliotecas, se quiser, mas não há portão, nem fechadura, nem trinco que você consiga colocar na liberdade de minha mente.

(Virginia Woolf, 1994, p. 91)

Neste primeiro capítulo, é iniciada a discussão sobre a tomada de consciência, seus fundamentos teóricos e subsídios epistemológicos, os principais pontos de vista no campo da teoria existencial, bem como a dimensão desse evento para a crítica existencial feminista.

Além da tomada de consciência, manifestam-se também fenômenos epifânicos nas obras analisadas, sendo importante discorrer sobre sua abordagem teórica; tal qual o hápax existencial, manifestação ou perturbação física.

Literatura comparada

O desafio de realizar a comparação entre a tomada de consciência no romance de Clarice Lispector e no de Simone de Beauvoir revela os pontos de aproximação entre as escritoras brasileira e francesa, mas também os pontos de distanciamento. Nesse sentido, é com base nos recursos da comparação que se busca construir esse exercício de análise e compreensão das obras.

Este trabalho se enquadra no campo de estudos da literatura comparada, compreendida, aqui, segundo a perspectiva elaborada por Said (2011), aquela que transcende as barreiras do nacionalismo e do projeto imperialista de formação cultural e artística.

A origem e a finalidade da literatura comparada é ir além do isolamento e do provincianismo e enxergar, em conjunto e em contraponto, diversas culturas e literaturas. E para o estudioso desse campo, há um empenho significativo nesse tipo de antídoto ao nacionalismo redutor e ao dogma acrítico, afinal de contas, adotar uma perspectiva além da nação a que pertencia o indivíduo e ver algum tipo de totalidade, ao invés do pequeno e defensivo retalho oferecido pela cultura, literatura e história pessoal, eram os primeiros objetivos da literatura comparada.

A comparação entre *A paixão segundo G.H.* e *Les belles images* tem como princípio norteador verificar os elementos que aproximam G.H e Laurence, duas mulheres brancas, pertencentes à classe abastada e que, em estado de náusea, no sentido dado por Sartre (2002), negam seus destinos unilaterais estabelecidos por uma sociedade superficial. Outra aproximação está ligada ao momento de hápax existencial que essas mulheres vivenciam, desencadeando os esquemas reflexivos da tomada de consciência. Esse fenômeno vivenciado pelas protagonistas proporciona a comparação no campo do feminismo existencialista presente em ambas, por estarem dotadas de contestação dos valores sociais e morais da sociedade patriarcal na qual elas estão inseridas.

O processo de comparação entre os romances se assevera partindo do enfoque temático que as obras trazem: o discurso sobre a emancipação feminina, a tomada de consciência e a abordagem existencial.

Pensando no grau de proximidade temática entre os romances a serem analisados, toma-se como base o que Yves Chevrel (2006) estabelece ser o papel do comparatista. Para esse autor, comparar é um dos processos de operação da mente humana, essencial para a evolução do conhecimento. É a reunião de diferentes objetos ou diferentes elementos de um ou mais objetos para examinar suas semelhanças, permitindo estabelecer análises que não seriam possíveis se cada um fosse analisado particularmente.

É nesse contexto que se pode pensar a relação de proximidade entre as obras que são objeto deste trabalho. Na análise comparativa das obras *A paixão segundo G.H.* e *Les belles images* são identificados elementos intertextuais demarcados pela presença do debate feminista.

Como ponto de aproximação, a tomada de consciência se manifesta enquanto elemento fundamental nos dois romances. Esta, por sua vez, carrega em si o caráter da emancipação feminina e uma crítica às estruturas de dominação do patriarcado e seus mecanismos opressivos.

A crítica literária feminista

O principal fator para se entender a abordagem da tomada de consciência proposta pelas escritoras Clarice Lispector e Simone de Beauvoir se situa no ato da personagem adquirir consciência de sua condição de produto da dominação masculina. As obras em questão podem levar a leitora a contestar seu destino e negar os valores herdados que a submissão consolida.

Por isso, para além da comparação entre obras, é indispensável compreender o rastro teórico que essas escritoras deixam, ou de que abordagem político-social e de gênero elas partem. No caso de Beauvoir, é mais do que evidente seu engajamento político em torno do feminismo radical, como ativista e como teórica do movimento, produzindo obra salutar que rompeu com os paradigmas da teoria feminista liberal ou tradicional. Além disso, imprimiu em sua literatura a abordagem e o engajamento militante da feminista radical. No campo do existencialismo, também foi uma das principais pensadoras dessa corrente, estando envolvida diretamente com a concepção epistemológica e a elaboração teórica dessa matriz de pensamento.

Em toda a literatura de Lispector está presente a temática do feminino, mas também o combate às construções dominantes e estereotipadas de ser mulher, encontrando nos seus textos concepções radicais em defesa da emancipação feminina. Elódia Xavier (1999, p. 3) aponta a ruptura de Clarice Lispector com a primeira fase das escritoras brasileiras, afirmando que

> Essas autoras ilustram a primeira etapa da trajetória da narrativa de autoria feminina, na literatura brasileira; elas reduplicam os padrões éticos e estéticos, mesmo porque elas ainda não tinham se descoberto como donas do próprio destino. A obra de Clarice Lispector rompe com esse estado de coisas, pondo em questão as relações de gênero. Os contos de *Laços de família* (1960), — o próprio título é muito significativo —, tornam visível a repressão sofrida pelas mulheres nas cotidianas práticas sociais. O feminismo já havia desencadeado um processo de conscientização e a narrativa de autoria feminina vai incorporar as questões polêmicas contidas em *O segundo sexo* (1949) de Simone de Beauvoir. Chamar essa etapa de feminista não significa dizer que ela é panfletária; ninguém discute o valor estético da obra de Clarice e, no entanto, ela traz nas entrelinhas uma pungente crítica aos valores patriarcais.

Além disso, sua obra é profundamente vinculada ao pensamento existencial, não sendo existencialista no sentido estrito do termo, mas marcada por essa abordagem que preenche suas narrativas de discussões filosóficas e existenciais.

As duas escritoras contribuem com a reflexão feminista existencial através de seus textos, trazendo heranças do passado das lutas de emancipação da mulher, levando para o futuro propostas de um outro mundo.

Para se ter uma noção objetiva das correntes epistemológicas da crítica feminista, é importante mencionar o trabalho de Elaine Showalter (1994), intitulado *A crítica feminista no território selvagem*, por se acreditar que, nesse texto, encontram-se elementos relevantes acerca das principais características de cada episteme e de suas transições, denotando o que as diferenciam entre si.

A autora afirma que as críticas negras buscam uma estética feminista negra que trataria de política sexual e racial ao mesmo tempo. As feministas marxistas desejam enfocar a questão de classe, juntamente com a de gênero, como determinantes cruciais da produção literária. As historiadoras literárias querem desvelar uma tradição perdida. As críticas treinadas em metodologias desconstrucionistas desejam sintetizar uma crítica literária que é tanto textual quanto feminista. Críticas freudianas e lacanianas querem teorizar sobre o relacionamento das mulheres com a linguagem e a significação.

Mesmo diante de tanta pluralidade dentro da crítica feminista literária, o que todas as críticas almejam é romper com a teoria crítica masculina, pois esta é um conceito de criatividade, história literária ou interpretação literária baseada inteiramente na experiência masculina, e que tem se apresentado como universal (SHOWALTER, 1994).

Os escritos das mulheres afirmaram-se como projeto central do estudo literário feminista, explica Showalter (1994). Atualmente, a ênfase recai em cada país de forma diferente: a crítica feminista inglesa, essencialmente marxista, salienta a opressão; a francesa, essencialmente psicanalítica, salienta a repressão; a estadunidense, essencialmente textual, salienta a expressão. Todas, contudo, tornaram-se ginocêntricas e estão lutando para encontrar uma terminologia que possa resgatar o feminino das suas associações estereotipadas com a inferioridade. As teorias da escrita das mulheres mais recentemente fazem uso de quatro modelos de diferença: biológico, linguístico, psicanalítico e cultural.

Conforme a discussão elaborada por Showalter (1994) sobre as correntes epistemológicas que amparam a crítica feminista e o debate feito por Lúcia Osana Zolin (2005) sobre as principais tendências do movimento feminista, pode-se notar a ausência da episteme anarquista no bojo da discussão da crítica literária, sendo incluída aqui dentro da abordagem socialista, mesmo sabendo de suas contradições no que tange à autoridade (marxismo) e à autonomia (anarquismo).

É importante salientar que o anarco-feminismo, enquanto corrente pertencente à teoria e à prática anarquistas, advém do conjunto de manifestações teóricas denominadas de socialismo. Ele é o socialismo libertário que surge da ruptura, no final do século XIX, com o socialismo de Estado. Por sua vez, a grande diferença que se denota no interior do movimento está ligada à escolha mais centralista das lógicas de organização e poder, por parte das marxistas, mesmo feministas, e radicalmente autonomistas e libertárias na leitura de organização e poder, por parte das anarco-feministas.

Dessa forma, pode-se considerar que o anarco-feminismo dialoga com o feminismo socialista, no que tange à luta de classes e à crítica ao patriarcado, por ser fruto dessa dissidência, mas ele adquire características próprias que o diferenciam totalmente do socialismo de tendência marxista, podendo dialogar, mais recentemente, com as epistemologias da diferença, desconstrucionistas e da subalternidade, no que se convencionou denominar de neoanarquismo, transitando entre as dissidências contemporâneas.

Com relação ao feminismo liberal, não é possível encontrar pontos de convergência com a abordagem do feminismo radical, nem do feminismo socialista, pois elas são contrárias a qualquer tipo de manifestação legalista, advinda do Estado de direito, pois compreende que essas manifestações ferem o princípio da autonomia.

Por sua vez, entre os feminismos radicais, considerando aqui a abordagem desconstrucionista, socialista e beauvoiriana no mesmo conjunto, é possível encontrar pontos de conexão. Todas essas abordagens se ligam à negação das hierarquias da divisão sexual, da opressão social e de gênero, tendo como objetivo a libertação da mulher, e com a perspectiva da desconstrução das oposições binárias.

A crítica feminista existencialista

A literatura existencialista abrange escritores com profundo reconhecimento intelectual. A historiografia dominante dedica muito pouca atenção às escritoras dessa tendência, muito menos reconhecendo os aspectos do feminismo presentes em suas obras.

O romance existencialista caracteriza-se como um tipo de narrativa que surge na Europa no período entreguerras, mantendo um estreito vínculo com a filosofia existencial, mas também com a fenomenologia e a hermenêutica, cujo objetivo é a reflexão em torno das questões fundamentais do ser pelo viés literário (MARTÍNEZ, 2011).

Os romances existencialistas projetam um eu em crise, motivando leitoras e leitores a se conscientizarem de suas vidas, no contexto de uma sociedade adoecida. No caso da literatura existencialista feminista, a tomada de consciência ganha graus de envolvimento com a causa da emancipação da mulher.

Mauro Jiménez Martínez (2011), na ocasião em que se dedica a estudar a literatura de Beauvoir, destaca o seu trabalho para constituir a relação entre literatura e filosofia, o que ela classifica de literatura filosófica, tema que será discutido mais à frente, e também para delinear os traços mais característicos de sua literatura.

Nos textos de Beauvoir, o café e o cabaré também são temas, lugares onde as personagens desenvolvem seus diálogos ou onde refletem sobre o significado de suas vidas (MARTÍNEZ, 2011). Mas para além dessa particularidade, a literatura feminista existencialista traz os temas pertinentes ao feminismo radical, à questão da sexualidade e à construção social do gênero.

Para Delphine Nicolas-Pierre (2013), é preciso desconstruir os equívocos quanto à literatura de Beauvoir, e reconhecer o produto de uma vasta escrita literária engajada. A forma como Beauvoir vê o papel de sua literatura reafirma o engajamento intersubjetivo do existencialismo, de igual modo, no plano filosófico. O que deve ser destacado nessa escrita é a prevalência do fazer e do agir sobre a dimensão do ser, em que a escritora defende a ética da emancipação.

A literatura beauvoiriana, após a Segunda Guerra, voltou-se fortemente para a questão feminista, evidenciando o sentido moral e político da reflexão libertária, sobretudo no que concerne à responsabilidade, à liberdade e ao altruísmo, em que a obra ficcional seria responsável por refazer as concepções de amor, de sociedade e de beleza, como em *Les belles images*.

Fica claro que no romance beauvoiriano do pós-Segunda Guerra, a escrita engajada e as ideias libertárias saltam com muita força nas suas narrativas de confronto aos mecanismos de dominação social e de gênero. Assim, a escritora francesa garante sua fidelidade ao feminismo radical socialista e libertário de outrora, de Wollstonecraft até as *Mujeres Libres*, conforme será visto à frente, somado ao pensamento existencialista, com o qual ela contribuiu.

Para continuar no caminho em direção aos elementos da narrativa que demarcam a tomada de consciência e a emancipação feminina, é preciso conhecer o sentido de epifania e de hápax existencial.

A epifania

A partir da discussão sobre a abordagem existencial na literatura, nota-se que a tomada de consciência, a epifania e o hápax existencial são elementos pertinentes para construir a análise e a comparação entre as obras *A paixão segundo G.H.* e *Les belles images*. No percurso de buscar entender como se manifesta a tomada de consciência ao longo das narrativas em debate, a epifania é um recurso que marca as duas obras e que, por sua vez, conduz as protagonistas a contestarem seus destinos.

Segundo Olga de Sá (2000) o termo *epifania* tem origem grega e significa *aparecer, brilhar,* ou *manifestação, aparição,* sendo também um conceito central na cultura hebraica, estando vinculado à aparição de Deus no mundo, que se verifica diante dos olhos dos homens pelas formas humanas ou naturais, ou mesmo misteriosas. Também está ligado à tradição da cultura pagã, divindades se manifestando por meio de sinais, milagres e fenômenos extraordinários.

No campo da literatura, ainda segundo Sá (2000), a epifania terá presença considerada na obra de Joyce, e vai ser com Umberto Eco que essa descoberta ganha importância. Sá (2000, p. 171) destaca o sentido da epifania para Joyce:

> Por epifania, ele entendia uma súbita manifestação espiritual, que surgia tanto em meio às palavras ou gestos mais corriqueiros quanto na mais memorável das situações espirituais. Acreditava que fosse tarefa do homem de letras registrar tais epifanias com extremo cuidado, pois elas representam os mais delicados e fugidios momentos da vida.

Sá (2000) evidencia três formas de epifania na obra de Joyce: *a epifania-visão,* como revelação presentativa, imediata, provida ou não de desenvolvimento, explicitação ou comentário; *a epifania-crítica como reversão irônica,* ou antiepifania; *a epifania-linguagem,* uma epifania operativa ao nível da microestética, aquela revelada na própria palavra. Essa última, segundo ela, é a que mais foi utilizada por Clarice Lispector.

Ao longo das narrativas lispectorianas, conforme demonstra Sá (2000), decorrem esses eventos que causam transformações profundas nas consciências das personagens, "o que Affonso Romano considera ponto central de seu trabalho — a escritura de Clarice Lispector como epifania" (SÁ, 2000, p. 167).

> Assim como existe em Clarice toda uma gama de epifanias da beleza e visão, existe também uma outra, de epifanias críticas

e corrosivas, epifanias do mole e das percepções decepcionan-
tes, seguidas de náusea ou tédio; os seios flácidos da tia que a
acolhem depois da morte do pai, o professor hipocondríaco
rodeado de chinelos e remédios, o marido Otávio fraco e
incapaz de agredir a vida, a barata, massa informe de matéria
viva (SÁ, 2000, p. 200).

Sá (2000) elenca todos os casos de epifanias na obra de Clarice, e em
cada uma ela se manifesta com uma feição. Mas o tipo de epifania que pode
ser considerado transversal na obra lispectoriana é aquela de terceira acepção, *a epifania-linguagem*, bem como uma graça de revelação mais próxima
da dimensão profana na representação estética.

Embora não exista em Clarice nem sequer a menção da palavra epifania, contudo pode-se deduzir de sua ficção toda
uma poética do instante, essencialmente ligada à linguagem,
enquanto questiona o próprio ato de nomear os seres (SÁ,
2000, p. 201).

No que compete à epifania como manifestação do grotesco ou cor-
rosivo, Sá (2000, p. 199) enseja que

[...] seus momentos epifânicos não são necessariamente trans-
figurações do banal em beleza. Muitas vezes, como marca
sensível da epifania crítica, surge o enjoo, a náusea. A trans-
figuração não é radiosa, mas se faz no sentido do mole, do
engordurado e demoníaco.

Já no que compete à linguagem, Sá (2000, p. 203) diz:

Se a escritura é epifânica, a escrita é um rito que se cumpre
como forma de 'submissão ao processo'. [...] O recurso esti-
lístico da repetição se muda assim num instrumental desse
processo maior, que visa a epifanizar, criticamente, certos
aspectos mínimos da realidade.

Tal perspectiva pode servir tanto para Clarice como para Beauvoir,
as escritoras buscam o recurso da epifania para exprimir o inexprimível,
trazendo-a como um domínio da linguagem como própria escritura do
viver, tentando tornar possível o impossível no texto escrito, traçando uma
escrita autêntica e visceral, conforme aborda Sá (2000).

Um dos momentos epifânicos, no romance *Les belles imagens*, se dá
quando Laurence contempla uma criança dançando sem se preocupar com
os olhares alheios. Diante desse evento, a seu ver, de profunda beleza, manifesta-se uma genuína bela imagem.

> Uma charmosa menininha que se tornaria aquela matrona. Não. Eu não queria. Havia bebido ouzo demais? Era possuída também por essa criança que a música possuía. Esse instante apaixonado não teria fim. A pequena dançarina não cresceria; durante a eternidade ela rodopiaria e eu a olharia. Recusava-me a esquecê-la, a voltar a ser uma jovem mulher de viagem com o pai; recusava que um dia ela se parecesse com a mãe, sem sequer se lembrar que fora essa adorável bacante. Pequena condenada à morte, horrível morte sem cadáver. A vida ia assassiná-la. Eu pensava em Catherine que estavam assassinando (BEAUVOIR, 1989, p. 123).

Em *Les belles images*, tomar consciência é um ponto crucial no decorrer da resolução dos conflitos existenciais da personagem. Esse processo nasce dos eventos epifânicos que se manifestam no curso da narrativa. E diante desse processo de ruptura com a realidade que a sufoca, resta à personagem reconstruir seu caminho, desfazendo os conceitos preconcebidos por uma sociedade burguesa, quebrando essa ordem, deixando em pedaços esses valores, sobretudo aqueles relacionados à beleza, reconhecendo outras belezas fora da esfera das imposições normativas do androcentrismo.

O hápax existencial

A partir da leitura das obras em questão, pode-se compreender a tomada de consciência como um processo no qual a mulher passa a contestar seu destino, processo esse que engloba o que Michel Onfray (1995, p. 206) chama de hápax existencial. "Os hápax são experiências que ocorrem apenas uma vez, mas que determinam toda uma existência no indivíduo." Em *A arte de ter prazer*, obra em que Onfray (1999) introduz a reflexão sobre os hápax existenciais, este argumenta que eles ocorrem na carne, partem do corpo e provocam mudanças profundas nas atitudes e comportamentos.

> Uma carne habitada pelo entusiasmo, pela desordem e uma estranha parcela que lembra a loucura, a histeria, a possessão, é o que parece excêntrico, incongruente. No entanto, muitos filósofos conheceram o que poderíamos chamar de hápax existenciais, experiências radicais e fundadoras ao longo das quais do corpo surgem iluminações, êxtases, visões que geram revelações e conversões que se configuram em concepções do mundo coerentes e estruturadas.

> A tensão habita a carne longamente. O corpo é um estranho lugar em que circulam influxos e intuições, energias e forças. Às vezes, a resolução dos conflitos, dos enigmas, as soluções para conjurar sombras e confusões aparecem num momento de excepcional densidade que cinde a existência e inaugura uma perspectiva rica de todas as potencialidades. [...] A razão só produz ordem quando o corpo fornece o material. Os que conhecem o homem neuronal certamente diriam de que modo uma singularidade filosofante é, talvez, antes de tudo um corpo excêntrico, uma carne que delira.

O objetivo de todo esse processo corpóreo perturbador é a libertação do próprio corpo, segundo destaca Onfray (1999, p. 65): "liberar as tensões, desfazer os nós que paralisam a circulação dos fluxos, permitir uma regulação dos trajetos de energia, autorizar um equilíbrio harmonioso das forças na perspectiva de uma libertação dos corpos". E para ele, existe um fundamento teórico que margeia essa manifestação. "O existencialismo está em germe nessa narração da inquietude diante do engajamento, da embriaguez e do aturdimento diante das possibilidades" (ONFRAY, 1999, p. 80).

No caso específico das narrativas que G.H. e Laurence protagonizam, o que estimula a comparação entre ambas é justamente a manifestação equivalente dos fenômenos: hápax existencial e tomada de consciência. Nas duas personagens ocorrem a revelação e o processo de conversão que vão habitar seus corpos e culminar na tomada de consciência. Manifestam-se então radicais experiências que fundam iluminações e tensões, abrindo possibilidades para novas visões de mundo, estimulando a resolução de crises existenciais, criando singularidades.

Em relação a Laurence, o que estimula o impulso contestatório da situação de angústia por ela vivida é justamente a manifestação equivalente dos fenômenos: hápax existencial e tomada de consciência. Na narrativa, ocorrem a revelação e o processo de conversão que vão habitar seu corpo, como náusea e vômitos, além de as pessoas próximas cogitarem que a protagonista estava ficando fora de suas faculdades normais.

No caso de G.H., o que estimula o impulso contestatório da situação de angústia por ela vivida é justamente a manifestação equivalente dos fenômenos: hápax existencial e tomada de consciência. Na narrativa, ocorrem a revelação e o processo de conversão que vão resultar na tomada de consciência, como um fenômeno mais complexo que excede o evento epifânico do hápax existencial. Manifestam-se então radicais experiências que fundam iluminações e tensões, abrindo possibilidades para novas visões de mundo, estimulando a resolução de crises existenciais, proporcionando a construção do sujeito.

Por sua vez, esse momento perturbador da situação de aparente equilíbrio inaugura a tomada de consciência, momento que decorre do hápax existencial como estímulo inicial do processo maior que vai gerar a transformação da consciência, promovendo a reflexão existencial de caráter feminista, através da qual a personagem G.H. supera seu passado convencional, superficial e moralizante.

> A tentação do prazer. A tentação é comer direto na fonte. A tentação é comer direto na lei. E o castigo é não querer mais parar de comer, e comer-se a si próprio que sou matéria igualmente comível. E eu procurava a danação como uma alegria. Eu procurava o mais orgíaco de mim mesma. Eu nunca mais repousaria: eu havia roubado o cavalo de caçada de um Rei da alegria. Eu era agora pior do que eu mesma! (LISPECTOR, 2014, p. 136).

Esse momento, que compreende o processo de contestação da sua realidade, baseada em uma existência superficial, conduz à mudança de curso na vida da personagem, compondo a tomada de consciência.

A tomada de consciência

Seguindo a abordagem fenomenológica trazida por Edmund Husserl (2008), tomar consciência é sempre tomar consciência de. Para ele, conhecimento não é uma mera apreensão da realidade exterior dada pela consciência. Conhecer é tomar consciência de algo, no movimento de reconhecimento do interior para o exterior, o reconhecimento de si e do outro. É um exercício de alteridade.

Assim, Husserl (2008, p. 29) define três sentidos para a consciência: "[...] a consciência como conjunto de todas as vivências, ou seja, a consciência como unidade; a consciência como percepção interna das vivências psíquicas, ou seja, o ser consciente; a consciência como vivência intencional". Para o filósofo alemão, o que mais interessa no campo da consciência são as experiências vividas, fruto da percepção imanente, pois estas são dadas diretamente na consciência e promovem a reflexão no fazer da experiência imediata.

Para a fenomenologia husserliana, o processo de tomada de consciência parte sempre do caráter da intencionalidade, isto é, sempre se toma consciência de alguém, algo ou alguma coisa, não sendo simplesmente uma apreensão do mundo, mas a exploração e transformação das coisas, de si para fora na relação de experiências vividas com a realidade cotidiana.

A consciência só pode ser analisada em termos de sentido. Nesse caso, sentido denota, primeiramente, os sentidos; em seguida, direção; e por fim, significação. A consciência não é coisa; ela concede sentido à coisa. "O sentido não se constata à maneira de uma coisa, mas se interpreta. É a consciência intencional que faz o mundo aparecer como fenômeno, como significação, pelo fato de ser um *cogitatum* intencionado pelo sujeito" (HUS-SERL, 2008, p. 30).

Tanto G.H., de *A paixão segundo G.H.*, quanto Laurence, de *Les belles images*, tomam consciência, cada uma a seu modo, ao se depararem com objetos exteriores a elas. Esses objetos, de certa forma insignificantes para os demais, promovem profundas contestações, isto é, as suas consciências intencionais fazem-nos aparecer como fenômenos, cujo significado profundo advém da intencionalidade que as personagens depositam nesses eventos fenomênicos.

Simone de Beauvoir (2009), em *O segundo sexo*, demonstra o processo de passividade no qual a mulher está inserida, sendo produto da dominação masculina. Segundo a autora, o universo masculino foi estruturado de acordo com as necessidades de indivíduo independente e ativo, sendo fundamental que a mulher, enquanto sujeito, desmantele o contexto de passividade destinado a ela. "É uma servidão ainda mais pesada porque as mulheres, confinadas na esfera feminina, lhe hipertrofiaram a importância. [...] A partir do momento em que se livra de um código estabelecido, o indivíduo torna-se um revoltado" (BEAUVOIR, 2009, p. 883).

Nesse contexto de sublevação das personagens tomadas como objeto de estudo, que estilhaçam as superfícies cristalizadas e se lançam no processo de tomada de consciência, tornando-se novas mulheres, faz-se necessário explicar como é entendido o conceito de tomada de consciência.

No trabalho de Armelle Chanel Balas (1998) e na discussão conceitual que ela promove com base na reflexão sobre tomada de consciência formulada por Piaget, é possível verificar a hipótese de que existem vários graus de consciência por três razões: compromisso entre a ação de êxito precoce e os inícios equivocados da tomada de consciência; ação cujo resultado é completamente inconsciente; se a conceitualização é um processo, então seu grau de consciência deve variar.

ESTILHAÇOS DE PAIXÃO E BELEZA: A TOMADA DE CONSCIÊNCIA EM *A PAIXÃO SEGUNDO G.H.* (1964), DE CLARICE LISPECTOR, E *LES BELLES IMAGES* (1966), DE SIMONE DE BEAUVOIR

Para Piaget, "a tomada de consciência é o processo de conceitualização, reconstruindo depois ultrapassando (por semiotização e representação) o que foi adquirido em esquemas de ação" (BALAS, 1998, p. 33, tradução nossa).[1] Segundo o psicólogo suíço, "não existe diferença de natureza entre a tomada de consciência da ação própria e a tomada de consciência das sequências exteriores ao sujeito, ambas comportam uma elaboração gradual de noções a partir de um dado" (BALAS, 1998, p. 33, tradução nossa)[2] que se relaciona aos aspectos materiais da ação promovida pelo sujeito ou às ações que ocorrem entre os objetos.

A tomada de consciência é vista como um processo, não como um dado momentâneo. Nessa interpretação, entende-se que o conhecimento passa da consciência momentânea para um conhecimento mais amplo, complexo e profundo. A tomada de consciência da ação própria está interligada à tomada de consciência das sequências exteriores ao sujeito.

Tomando como base essa assertiva, pode ser feita uma reflexão sobre o papel da mulher que, inserida no contexto de uma sociedade androcêntrica, patriarcal e machista, conforme aponta Showalter (1994), adquire consciência da sua condição existencial de ser mulher nesse mundo dominado pelos homens, rompe com a dominação masculina e passa a tomar consciência de si enquanto sujeito e consciência do mundo no qual ela está inserida.

Refletindo sobre si e sobre seu papel na sociedade, ela não se vê fora dessa sociedade. Quando uma mulher se reconhece como feminista, ela não consegue se manter negligente aos problemas de opressão de gênero pelos quais ela e as demais mulheres passam. Enquanto feminista, não consegue exercer seu papel de mulher livre dentro de uma sociedade machista, por isso decide buscar mudar seu destino e a realidade de opressão que está em sua volta. O eu e a sociedade não se separam, eles são um amálgama. Ela é um sujeito que quer mudar o próprio sujeito e quer mudar o objeto. Nesse caso, há uma relação entre sujeito-sujeito, sujeito-sociedade e vice-versa.

Dessa forma, observa-se que sujeito e sequências exteriores estão interligados, eles se fundem. Não há separação entre o sujeito da consciência e o objeto. O sujeito influi nas sequências exteriores.

Já no caso de Jean-Paul Sartre (2007), em *O ser e o nada*, este elabora sua teoria existencialista baseando-se na produção da consciência como modelo de

---

[1] "La 'prise de conscience' est le processus de conceptualisation reconstruisant puis dépassant (par sémiotisation et représentation) ce qui était acquis en schèmes d'action."

[2] "Il n'y a donc pas de différence de nature entre la prise de conscience de l'action propre et la prise de connaissance des séquences extérieures au sujet, toutes deux comportant une élaboration graduelle de notions à partir d'un donné, [...]."

explicação da relação entre o ser e o objeto, submetendo esse trânsito à questão da facticidade. Dessa forma, a tomada de consciência é sempre um processo em construção, bem como um devir, ou vir-a-ser, um trânsito, a negação ou desmoronamento do que se era. "Os trânsitos, os vir-a-ser, tudo que permite dizer que o ser não é ainda o que será e já é o que não é, tudo é negado por princípio. Porque o ser é ser do devir e, por isso, acha-se para-além do devir" (SARTRE, 2007, p. 39).

Para Beauvoir (2009), a tomada de consciência está ligada ao rompimento com as convenções sociais que incluem o modelo de sociedade instaurado nos privilégios patriarcais. A escritora demonstra que o patriarcado está presente em toda a sociedade em virtude de este ter sido estabelecido através da tomada de consciência do homem, que não possibilita que a mulher tome consciência de si e da realidade, submetendo-a às suas convenções de dominação.

Em se tratando da tomada de consciência como emancipação sexual e contra as imposições dos padrões e dos costumes para as mulheres, Beauvoir (1967, p. 65) destaca que

> [...] nenhuma educação pode impedir a menina de tomar consciência de seu corpo e de sonhar com seu destino; quando muito poderão impor-lhe estritos recalques que pesarão mais tarde sobre toda a sua vida sexual.

Ao contrário, o desejável é que lhe ensinassem a aceitar-se sem complacência e vergonha.

No caso das obras estudadas, tomar consciência é um ponto crucial no decorrer da resolução dos conflitos existenciais das personagens. E diante desse processo de ruptura com a realidade que as sufoca, resta a essas mulheres reconstruírem seus caminhos, desfazendo os conceitos preconcebidos por uma sociedade burguesa e machista, quebrando essa ordem, deixando em pedaços esses valores de paixão e beleza.

Elas tomaram consciência

O conjunto dos eventos tomada de consciência, epifania e hápax existencial constitui algo bem maior para o sentido e propósito das obras em análise: elas tomam consciência de que são mulheres limitadas pelo patriarcado, trazendo às suas condições existenciais profundas rupturas e novas visões de suas experiências vividas.

Em *A paixão segundo G.H.*, a protagonista se depara com uma barata, no quarto da empregada, que havia se demitido, e que irá gerar em si profundas reflexões existenciais, ocasião que marca a tomada de consciência no romance.

> Como chamar de outro modo aquilo horrível e cru, matéria-prima e plasma seco, que ali estava, enquanto eu recuava para dentro de mim em náusea seca, eu caindo séculos e séculos dentro de uma lama — era lama, e nem sequer lama já seca mas lama ainda úmida e ainda viva, era uma lama onde se remexiam com lentidão insuportável as raízes de minha identidade. [...] Era isso — era isso então. É que eu olhava a barata viva e nela descobria a identidade de minha vida mais profunda. Em derrocada difícil, abriam-se dentro de mim passagens duras e estreitas (LISPECTOR, 2014, p. 57).

A tomada de consciência permeia a literatura lispectoriana e recebe destaque ao longo da narrativa protagonizada por G.H., na qual a escritora se utiliza da perspectiva existencialista feminista para conduzir rupturas na superficial condição existencial da vida cotidiana da personagem.

Ao longo da narrativa, esse suposto equilíbrio, sustentado por valores de classe, se depara com uma situação de profunda reflexão, e esses valores são, por sua vez, estilhaçados, na medida em que a protagonista passa a contestar seu destino, jogando por terra todas aquelas convicções morais e estéticas transmitidas pela sociedade dominante.

Segundo Alfredo Bosi (2006), desde que Clarice publicou *Perto do coração selvagem*, em 1944, a crítica literária já apontava sua filiação. Para o referido autor, seu romance estava em harmonia com a técnica de James Joyce, Virginia Woolf e Faulkner.

A autora apresenta um processo de amadurecimento na técnica de narrar, que percorre desde sua primeira obra até seus dois últimos romances. Conforme aponta Bosi (2006, p. 452), "Clarice Lispector se manteria fiel às suas primeiras conquistas formais. O uso intensivo da metáfora insólita, a entrega ao fluxo de consciência, a ruptura com o enredo factual têm sido constantes do seu estilo de narrar". Ele considera ainda "que, na sua manifesta heterodoxia, lembra o modelo batizado por Umberto Eco de 'opera aberta'. Modelo que já aparece, material e semanticamente, nos últimos romances, *A Paixão Segundo G. H.* e *Uma Aprendizagem ou O Livro dos Prazeres*".

Além da perspectiva da *obra aberta*, relacionada à proposição dada por Umberto Eco (1971), em *A paixão segundo G.H.*, cujo foco narrativo é narrador-personagem, encontra-se uma profusão de elementos literários que caracterizam a narrativa intimista, como a metáfora insólita, o fluxo de consciência e a ruptura com o enredo factual. Além disso, o romance está dotado de outros elementos como digressão, discurso indireto livre e monólogo interior. Todos esses elementos que caracterizam este tipo de romance, denominado por Erich Auerbach (2013) de romance psicológico, são discutidos por ele quando analisa *To the lighthouse*, de Virginia Woolf, e demais obras.

Conforme o autor alemão, o romance psicológico irá inaugurar profundas mudanças no plano narrativo. Marcel Proust foi o primeiro a trabalhar as representações da consciência desprendidas da presença do acontecimento exterior, pelo qual foram liberadas, de "forma coerente, e toda sua forma de proceder está atada ao reencontro da realidade perdida na memória, liberada por um acontecimento exteriormente insignificante e aparentemente casual" (AUERBACH, 2013, p. 487–488).

Uma outra questão levantada por Auerbach (2013) é a relação entre processo externo e processo interno. No caso do romance de Clarice, quando G.H. se depara com a barata, que é um elemento exterior insignificante, esta passa a causar uma série de reflexões existenciais na protagonista (processo interno), conduzindo-a à tomada de consciência.

A contribuição que Auerbach (2013) traz para a teorização da literatura psicológica deixa evidente que ela é um reflexo da realidade, espelho da realidade autêntica objetiva através de impressões subjetivas nas personagens, uma representação da condição humana.

Hélène Cixous (1962) relaciona Clarice Lispector à personagem G.H., sustentando uma produção literária marcada por traços autobiográficos na composição da personagem de *A paixão segundo G.H.* Nesse caso, G.H. e Clarice, aos olhos de Cixous, são a mesma mulher, e, portanto, delas parte a desconstrução de valores, como verdade, beleza, paixão... "Porque na escola de Clarice aprendemos a mais bela das lições: *a lição da feiura*" (CIXOUS, 1962, p. 21).

> Há o risco-Clarice. Clarisco: através do horrível até a Alegria.
> Pois Clarice tem o terrível esplendor de ousar o real, que
> não é belo, que não é organizado, de ousar o vivo, que não

> é simbolizado, que não é pessoal, de ser no cerne do é que é sem mim, de escrever ao correr dos signos, sem história.
>
> Ousa, quer, o clichê, o pobre, o ínfimo, o efêmero, de cada instante. Não tem medo, quer verdade, vida, que não tem sentido; a infinita resistência do que está vivo. Só tem medo de ter medo. Vai. Não se protege. Se perde. Protege-se apenas da mentira (CIXOUS, 1962, p. 21–22).

Benedito Nunes (1995) trata do processo de desconstrução e reconstrução da individualidade da personagem G.H., destacando a densidade das experiências subjetivas presentes nessa obra. Esse momento de contestação da realidade interior, que demanda mudança de curso na vida de G.H., é o que se busca definir enquanto tomada de consciência.

Para o crítico literário, a protagonista "passa por um processo de conversão radical. A experiência do sacrifício de sua identidade pessoal impõe-lhe a dolorosa sabedoria da renúncia, traduzida numa atitude negativa de despersonalização ou 'deseroização'" (NUNES, 1995, p. 59). Essa sabedoria é dolorosa e paradoxal, porque a perda de G.H. se transformará em ganho. Ela atingirá sua verdadeira realidade através da negação de si mesma.

Essa situação de perturbação das condições subjetivas promove uma transformação no interior da protagonista, constituindo a tomada de consciência, o que Nunes (1995, p. 66) associa à metáfora da travessia do deserto. "Ao sair de seu mundo, G.H. entra noutro de absoluta solidão [...]. É 'a larga vida do silêncio', interior e exterior, silêncio compacto que tem a amplidão e a aridez de um deserto."

G.H. retorna ao mundo, sendo e não sendo mais a mesma que fora quando foi apartada dele. "Sua experiência negativa terá sido um processo de transformação interior, consumada, como o dos ascetas, no segredo da consciência solitária, entre um momento de ruptura e um momento de retorno" (NUNES, 1995, p. 66).

Ainda conforme o autor, a trajetória que simboliza a linha da ação no romance se assemelha à *"via mística*, reproduzindo-lhe as imagens típicas de *deslocamento espacial* (saída/entrada), a *tópica do deserto* (aridez, secura, solidão, silêncio) e a *contraditória visão do inefável* (realidade primária, núcleo, nada, glória)" (NUNES, 1995, p. 66).

O que Bosi (2006) chama de literatura intimista e Auerbach (2013) denomina de romance psicológico, Simone de Beauvoir (2008) qualifica como romance metafísico e, além de se dedicar ao assunto, elabora romances do gênero. Essa conceituação aparece no ensaio intitulado *Littérature et métaphysique*, publicado originalmente em *Les Temps Modernes*, no ano de 1946, e depois republicado com outros ensaios, em 1948, no livro *L'existentialisme et la sagesse des nations*.

O esforço de constituir a relação entre literatura e metafísica pela feminista existencialista advém da necessidade de superar a separação entre a literatura e a filosofia, projeto que se materializou através do estilo de escrita de seus romances. Como aponta Delphine Nicolas-Pierre (2013), Beauvoir faz parte do empenho de sua época que pretende destruir as barreiras entre literatura e filosofia, por meio de expressões como "romance metafísico" ou "teatro de ideias", que ela utilizará nos anos de 1940.

Na sua compreensão de romance metafísico, Beauvoir (2008) argumenta que ele é a maior expressão do desvendamento da existência, pretendendo alcançar o homem e os eventos humanos na sua relação com o mundo. Ao tratar dos fundamentos do romance metafísico, a autora aponta que alguns autores, ao tentarem elaborar uma literatura vinculada à filosofia, se desvencilharam do gênero romanesco. Sua proposta do romance metafísico, porém, é contrária, na medida em que busca unir a literatura com a filosofia de uma forma que possa alcançar as profundezas da manifestação estética e do plano das ideias.

Além de fazer parte do conjunto de autores que se dedicaram ao romance metafísico, Beauvoir também integra o grupo de escritores que escreveram romances existencialistas. Promovendo o debate da crítica que estabelece a relação entre *Nouveau Roman* e o romance existencialista, Nelly Wolf (1995, p. 35) destaca que:

> Os comentadores mais atentos, Barthes, Blanchot, Dort, Pingaud, Nadaud etc., se utilizaram de categorias críticas oriundas do existencialismo, mas eles não chegaram a afirmar que o Novo Romance seria de fato o romance existencialista, ou melhor, com os novos romances, o romance existencialista nasceria, sendo imediatamente atribuído às obras de Sartre, Simone de Beauvoir e Albert Camus.[3]

Simone de Beauvoir faz parte dos escritores de literatura dos anos de 1940, na França. O contexto histórico oferecerá o campo referencial aos seus textos, "Beauvoir e Camus manterão uma distância entre a representação

---

[3] "Les commentateurs les plus avisés, Barthes, Blanchot, Dort, Pingaud, Nadaud, etc., ont joué avec des catégories critiques en provenance de l'existentialisme, mais n'ont pas été jusqu'à dire que le Nouveau Roman était en fait le roman existentialiste, ou plutôt qu'avec un certain nombre de nouveaux romans, le roman existentialiste venait de naître, le titre étant déjà attribué aux oeuvres de Sartre, Simone de Beauvoir et Albert Camus."

ESTILHAÇOS DE PAIXÃO E BELEZA: A TOMADA DE CONSCIÊNCIA EM *A PAIXÃO SEGUNDO G.H.* (1964), DE CLARICE LISPECTOR, E *LES BELLES IMAGES* (1966), DE SIMONE DE BEAUVOIR

fictícia — na narrativa ou no drama — e esta atualidade" (BREE; MORO-T-SIR, 1996, p. 344).[4]

Os traços que caracterizam a obra literária de Beauvoir são equivalentes ao conjunto de elementos que a autora nos legou com seu pensamento filosófico, já que ambos se entrecruzam e ganham suporte da fidelidade e da dedicação que a escritora teve com o movimento feminista. Ela projeta "um caminho em direção à autonomização, lidando com todas as questões relacionadas aos costumes que, desde então, evoluíram — liberdade sexual, liberdade da maternidade, aborto, trabalho e independência econômica"[5] (SIMON, 1956, p. 213, tradução nossa).

Nicolas-Pierre (2013, p. 238) chama a atenção para a necessidade de propor *uma outra periodização* da obra beauvoiriana, destacando que a literatura da autora passa por uma ruptura, nos anos de 1960, e inaugura o romance pós-existencialista, com *Les belles images*, enfatizando a importância dessa obra para o desenvolvimento do projeto literário existencialista de Beauvoir.

> Por trás da ilusão retrospectiva beauvoiriana de uma transformação radical, que permite justificar "duplamente" o indivíduo e a História com suas Memórias, é evidente a *continuidade* de uma trajetória entre o primeiro romance e as obras posteriores, que deve ser revista, a fim de propor uma outra periodização do trabalho da escritora, em que a ruptura literária mais importante aparece bem mais tarde, no fim dos anos sessenta, com *Les Belles Images*.[6] (tradução nossa).

Em *Les belles images* serão apresentadas à leitora e ao leitor as questões mal resolvidas de Laurence, que Nicolas-Pierre (2013, p. 376) analisa da seguinte forma:

> A narrativa ficcional exerce uma particularização explorando uma singularidade e confrontando as circunstâncias e as situações da vida cotidiana. Constituída pela experiência viva, ela enfatiza a circularidade das reflexões de Laurence, as repetições, as reformulações, os recomeços e os dilemas com os quais ela é confrontada: fechar-se na segurança ilusória

---

[4] "Beauvoir et Camus maintiendront une distance entre la représentation fictive — dans le récit ou le drame — et cette actualité."

[5] "[...] un chemin vers l'autonomisation, traitant de toutes les questions sur lesquelles les moeurs, depuis, ont évolué — liberté sexuelle, liberté de la maternité, avortement, travail et indépendance économique."

[6] "Derrière l'illusion beauvoirienne rétrospective d'une transformation radicale, permettant de justifier du 'pas de deux' de l'individu et de l'Histoire dans ses Mémoires, c'est bien plutôt la *continuité* d'une trajectoire entre premier roman et oeuvres ultérieures qu'il faut mettre au jour, afin de proposer une autre périodisation du travail de l'écrivaine dont la rupture littéraire la plus importante intervient bien plus tard, à la fin des années soixante, avec *Les Belles Images*."

do "seio familiar", mergulhar na imanência, ou abrir-se a um mundo e aos outros desejos, ou seja, optar pela transcendência.[7] (tradução nossa).

Ao escolher a transcendência existencial ela se joga contra os imperativos do patriarcado e da sujeição feminina. Assim, ela passa pelo processo de tomada de consciência, rompe com os padrões, e destitui os elementos que aprisionam a mulher aos códigos simbólicos da dominação masculina, no sentido dado por Pierre Bourdieu (2003). Devido à ruptura com o caráter banal e superficial do modo de vida angustiante em que a protagonista estava inserida, a tomada de consciência provoca a ressignificação de sua condição existencial. Esta ganha profundidade e conteúdo no desfecho do romance quando Laurence passa a associar autodeterminação e transformação da consciência à liberdade enfrentando tudo e todos que se colocam à frente de seus novos destinos.

> Ela recai sobre o travesseiro. Vão forçá-la a comer, vão fazê-la engolir tudo; tudo o quê? tudo que ela vomita, a sua vida, a dos outros com os seus falsos amores, as suas estórias de dinheiro, as suas mentiras. Vão curá-la das suas recusas, do seu desespero. Não. Por que não? Aquela toupeira que abre os olhos e vê que está escuro, de que adianta ela? Fechar os olhos outra vez. E Catherine? pregar-lhe as pálpebras? "Não"; ela gritou alto. Catherine, não. Não permitirei que façam com ela o que fizeram comigo. O que fizeram de mim? Essa mulher que não gosta de ninguém, insensível às belezas do mundo, incapaz até de chorar, essa mulher que eu vomito. Catherine: ao contrário, abrir-lhe os olhos logo e talvez um raio de luz filtre até ela, talvez ela se salve... De quê? dessa noite. Da ignorância, da indiferença (BEAUVOIR, 1989, p. 139–140).

Com essa obra, Beauvoir demonstra um novo significado para esses termos que, no romance, adquirem caráter filosófico, distanciando-se de suas acepções superficiais. Partindo do conceito de beleza, noção que de um modo geral foi posta para forjar o ser mulher pela interpretação falocêntrica, esse romance apresenta a tomada de consciência por uma perspectiva ampla, abarcando todo o processo de ruptura da condição de dominação a que a mulher está submetida, resultando na ruptura dessas representações formatadoras.

---

[7] "La narration fictionnelle opère bien une particularisation en explorant une singularité et en la confrontant aux circonstances de la vie quotidienne et aux situations. Formée sur l'expérience vive, elle met en relief la circularité des réflexions de Laurence, les répétitions, les reformulations, les recommencements et les dilemmes auxquels elle est confrontée: s'enfermer dans la sécurité illusoire du 'cocon familial', plonger dans l'immanence, ou s'ouvrir à un monde et à des désirs autres, c'est-à-dire opter pour la transcendance."

ESTILHAÇOS DE PAIXÃO E BELEZA: A TOMADA DE CONSCIÊNCIA EM *A PAIXÃO SEGUNDO G.H.* (1964), DE CLARICE LISPECTOR, E *LES BELLES IMAGES* (1966), DE SIMONE DE BEAUVOIR

Les belles images conduz a leitora e o leitor por diversos caminhos convergentes: os recursos narrativos que estimulam a reflexão existencial, o caráter ideológico que porta a obra ao abordar temas vinculados à autodeterminação de ser mulher, e a maneira como ocorre o processo de tomada de consciência da personagem como perspectiva do feminismo existencialista na narrativa ficcional. Esses recursos possibilitam a reflexão, e garantem o questionamento do patriarcado, fazendo com que o romance funcione como um instrumento que estimule a mulher a refazer seus caminhos e lutar pela liberdade.

Mesmo sendo uma obra de ficção, esta reflete o posicionamento engajado de Beauvoir enquanto filósofa e militante do feminismo radical. A tarefa que ela se colocou enquanto desafio a superar foi a de compreender o sentido do feminismo anterior a ela para poder projetar novos caminhos, sobretudo seu signo vinculado à luta sufragista e de igualdade de direitos, no início do século XIX, com suas limitações às questões de sexualidade e de dominação masculina, bem como a tradição revolucionária de matriz socialista, tanto marxista como libertária, que se estende até a primeira metade do século XX, a qual, em sua opinião, falhou ao se ater exclusivamente à emancipação da mulher enquanto trabalhadora. E por isso é fundamental fazer um passeio pela contribuição das feministas radicais fundadoras, jornada essa que culminou na ruptura empreendida por Simone de Beauvoir.

Desse modo, nutrindo-se dessa fonte, mas refazendo o percurso ao detectar as falhas e possibilidades de avanço, Beauvoir vai reescrever a história do feminismo com uma obra paradigmática, *O segundo sexo*, justamente por incluir a noção sexual no debate feminista radical, bem como o debate da construção social do gênero, com sua famosa fórmula emancipatória: "ninguém nasce mulher: torna-se mulher. Nenhum destino biológico, psíquico, econômico define a forma que a fêmea humana assume no seio da sociedade" (BEAUVOIR, 1967, p. 9). E acrescenta defendendo que "é o conjunto da civilização que elabora esse produto intermediário entre o macho e o castrado que qualificam de feminino. Somente a mediação de outrem pode constituir um indivíduo como um *Outro*" (BEAUVOIR, 1967, p. 9).

Sufragistas e socialistas: a igualdade de direitos

Dentro da luta pela emancipação feminina, já na segunda metade do século XVIII, é possível encontrar contribuições ao feminismo socialista de matriz libertária, que quase dois séculos depois vão dar suporte à elaboração do feminismo existencialista. O feminismo radical, nascido dessa vertente, carrega o traço comum que é a perspectiva libertária do engajamento. Essa abordagem, por sua vez, é a fonte do feminismo que nascerá com Beauvoir, no contexto da segunda metade do século XX. Essa ponte do mundo das ideias e lutas contestatórias das mulheres percorre sinuoso caminho, desaguando na ruptura paradigmática empreendida pelo feminismo beauvoiriano, com sua dimensão do corpo.

Sobre esse assunto, em trabalho muito recente, Julia Kristeva (2019) argumenta que Beauvoir irá tomar emprestados os discursos libertários e somá-los ao giro existencialista por ela remanejado, para compor sua teoria combatente engajada na promoção da libertação existencial das mulheres.

> Para Beauvoir, "os aspectos fundamentais" residem em seu engajamento em elucidar e promover a liberdade existencial das mulheres no cerne de um contexto histórico preciso. Para isso, ela remaneja o próprio discurso fenomenológico--existencialista com empréstimos de discursos libertários, fazendo com que nessa recomposição a psicanálise ocupe um lugar de escolha — mas uma escolha que Beauvoir assimila à sua própria personalidade para integrá-la em seu próprio combate (KRISTEVA, 2019, p. 65–66).

O que acontece desde as sufragistas, rompendo com as liberais, passa pelas anarquistas espanholas e chega em Beauvoir com a discussão de sexualidade e gênero é um integrado e rico percurso por libertação e conquistas de igualdade, identidade e voz.

O feminismo libertário, no seu momento de formação, não havia ainda diferenciado as tendências: liberal-sufragista, comunista e anarquista. Em virtude da profunda situação de opressão em que as mulheres viviam naquele período pela sociedade patriarcal, a luta sufragista passou a ser o eixo central de reivindicação do feminismo, pois era uma questão de primeira ordem, frente à desigualdade de direitos latente da época. Beauvoir (1970) se posiciona quanto a essa matriz de pensamento, destacando o papel da Revolução Francesa e a luta das trabalhadoras nesse processo de transformações dos valores.

> Só quando o poder econômico cair nas mãos do trabalhador é que se tornará possível à trabalhadora conquistar capacidades que a mulher parasita, nobre ou burguesa, nunca obteve. Durante a liquidação da Revolução a mulher goza de uma liberdade anárquica. Mas, quando a sociedade se reorganiza,

ESTILHAÇOS DE PAIXÃO E BELEZA: A TOMADA DE CONSCIÊNCIA EM *A PAIXÃO SEGUNDO G.H.* (1964), DE CLARICE LISPECTOR, E *LES BELLES IMAGES* (1966), DE SIMONE DE BEAUVOIR

> volta a ser duramente escravizada. Do ponto de vista feminista, a França estava à frente dos outros países mas, para infelicidade da francesa moderna, seu estatuto foi estabelecido em momento de ditadura militar; o Código Napoleão, que fixou seu destino por um século, atrasou muito sua emancipação (BEAUVOIR, 1970, p. 142–143).

Por sua vez, essas mulheres em luta não buscavam somente a universalização do direito ao voto, mas também a ampla condição da emancipação da mulher pela via legal (tendência liberal), a diluição da sociedade patriarcal e dos privilégios dos homens sobre as mulheres, sobretudo nas relações de trabalho (tendência comunista), como também o posicionamento radical que compreende que a fonte da dominação masculina advém das instituições: familiar, estatal e capitalista (tendência libertária ou anarquista).

Dentro desse contexto do feminismo, podem-se destacar como pensadoras libertárias representantes desse período as autoras: Mary Wollstonecraft (1759–1797); Flora Tristan (1803–1844); e Harriet Taylor (1807–1858). Beauvoir (1970) aponta que as principais limitações dessas feministas eram seus fortes vínculos com a causa da igualdade de gênero e a falta de interesse às questões sexuais.

Mary Wollstonecraft é autora de *Vindication of the rights of woman*, publicada em 1792, obra clássica do feminismo recentemente traduzida para o português (WOLLSTONECRAFT, 2016). Conforme aponta Anadir dos Reis Miranda (2010, p. 11), a feminista inglesa "integra o grupo de pensadores que questionou os paradoxos e os limites do pensamento liberal e democrático, particularmente no que diz respeito às mulheres". Ela participou ativamente dos círculos dissidentes e radicais ingleses, defendeu os ideais iluministas e radicais, e contribuiu, de maneira significativa, para o debate a respeito do estatuto social e político das mulheres, propagados durante o século XVIII.

Uma outra feminista libertária de grande importância para a história do pensamento social é Flora Tristan, da qual se vê a importância de seus escritos resgatada por Michel Onfray (2013). A autora foi uma operária, viajante, militante em prol do divórcio, abolicionista, e crítica ao modelo colonial, sobretudo das potências imperiais europeias sobre a África, Ásia e América.

Para Beauvoir (1970), Tristan faz parte da grande tradição das mulheres operárias em luta contra os instrumentos de exploração das trabalhadoras e trabalhadores, e tem o socialismo como alternativa de emancipação feminina, apesar de inúmeras contradições no seu seio, sobretudo por sua vertente mais centralista, a do marxismo.

Essas resistências obstinadas, segundo Beauvoir, não devem frear a marcha histórica; a Revolução Industrial arruína a propriedade fundiária, provoca a emancipação dos trabalhadores e, correlativamente, a da mulher. Consequentemente, "todo socialismo, arrancando a mulher à família, favorece-lhe a libertação. [...] Com os socialismos utópicos de Saint-Simon, Fourier, Cabet, nasce a utopia da 'mulher livre'" (BEAUVOIR, 1970, p. 146).

Dentre as inúmeras obras que Tristan (1840, 1843, 1846) escreveu, as que abordam o tema do feminismo libertário são: *Promenades dans Londres*, especialmente o capítulo XVII, *Les femmes anglaises*; *L'union ouvrière*, obra em que convoca homens e mulheres para a união universal de trabalhadores e trabalhadoras, especialmente o capítulo I, item III, onde explica por que ela trata da questão da mulher dentro do movimento operário; e *L'emancipation de la femme*, trabalho póstumo em que destaca elementos que tangem à emancipação das mulheres e à luta contra a opressão. "Flora Tristan acredita na redenção do povo pela mulher, mas se interessa mais pela emancipação da classe operária do que pela de seu sexo" (BEAUVOIR, 1970, p. 147).

Em *L'union ouvrière*, manifesto da emancipação feminista libertária, Tristan (1843) convoca as mulheres de todas as classes, de todas as idades, das diversas opiniões, de todos os países para a "união dos trabalhadores" contra todas as formas de opressão.

O pensamento dessa libertária feminista comporta elementos com níveis de complexidade tão satisfatoriamente constituídos que serviu de base para diversas contribuições teóricas ao nascente socialismo da primeira metade do século XIX. Dialogou com teóricos como Robert Owen e Charles Fourier, como promoveu profundas reflexões, mesmo que de forma subterrânea, com a constituição do chamado socialismo científico, elaborado por Marx e Engels.

O machismo, no interior do movimento socialista, num primeiro momento, contribuiu para a negação das teses discutidas por Flora Tristan, sobretudo através dos nomes de Proudhon, Marx e Engels, e que, num segundo momento, essas mesmas teses, ora abnegadas por esses teóricos não acreditarem na capacidade da autora, em meio à comunidade científica e revolucionária, se apropriaram de inúmeros elementos teóricos e práticas que a feminista libertária defendia, não realizando a devida consideração referencial pública à comunidade científica do seu pensamento. No que diz respeito a essa questão, Onfray (2013, p. 25) afirma que Engels

> [...] distingue o socialismo científico, que é o dele, do socialismo utópico, que é o dos outros, de todos os outros, inclusive daqueles que ele plagiou abundantemente mas nem sempre citou — Flora Tristan em primeiro lugar, mas também Owen ou Proudhon.

Com relação aos escritos de Tristan, *Promenades dans Londres*, Onfray (2013, p. 28–29) observa que "muitas vezes se omite o fato de que Engels leu o livro e de que grande número de suas informações se encontra sem remissão em *A situação da classe trabalhadora na Inglaterra*, publicado em 1845, um ano depois da morte de Flora Tristan [...]".

Nesse caso, Beauvoir (1970) identifica o ponto de ruptura entre as feministas liberais e as feministas radicais socialistas, que se resume ao reformismo e alienação das primeiras e o engajamento revolucionário das últimas, enquanto uma causa da luta das trabalhadoras.

Por sua vez, Harriet Taylor foi uma filósofa inglesa que militou a favor do sufrágio feminino, e é autora de *The subjection of women*. O livro é escrito com seu segundo marido, John Stuart Mill, e sua filha, Helen Taylor, obra em que defendem os direitos das mulheres e a igualdade de gênero. Com a morte prematura de Harriet, sinaliza Onfray (2013), os manuscritos são continuados por Mill e concluídos através da contribuição da filha do casal, sendo então uma obra feita a três. Porém, destaca o filósofo francês, muitas das opiniões e posicionamentos emancipatórios feministas de Mill, que legou-lhe prestígio, é fruto da inteligência e libertarismo de Harriet, que sempre se mostrou atuante em contribuir com as conjecturas teóricas do companheiro, e este não se eximiu de aproveitar sua capacidade intelectual, embora não referenciando a atividade da companheira.

Victoria Claflin Woodhull (1838–1927) foi uma libertária estadunidense que liderou o movimento a favor do sufrágio feminino, lutou pelas liberdades das mulheres, pelo amor livre e pelas reformas laborais. Ela foi, em 1872, a primeira mulher candidata à presidência dos Estados Unidos. Sua principal obra é *A speech on the principles of social freedom*.

Feministas libertárias: a liberdade do corpo

Segundo Mary Nash (*apud* TEJERO, 2013), podem-se identificar duas correntes de pensamento sobre a natureza das relações entre mulheres e homens no movimento anarquista clássico. A primeira estava inspirada nas ideias de Pierre-Joseph Proudhon e considerava as mulheres essencialmente como reprodutoras, afirmando que a única contribuição que elas poderiam dar à sociedade era através das tarefas domésticas.

Em obra constituída de três volumes, intitulada *De la justice dans la révolution et dans l'église*, Proudhon (1858, p. 340), por diversos momentos, busca construir aportes pseudocientíficos para elaborar suas teses sobre a *inferioridade* da mulher; por exemplo, quando afirma que,

> No entanto, qualquer que seja o fim, e qualquer dignidade que a pessoa possa alcançar um dia, a mulher sempre permanecerá abaixo do primeiro chefe da constituição física, até a mais informada de todas é inferior diante do homem, uma espécie de meio termo entre ele e o resto do reino animal. Nesse aspecto, a natureza não se equivoca. (tradução nossa).[8]

Havia também aqueles nomes considerados emblemáticos do movimento libertário que se mantinham inertes à situação da opressão masculina sobre as mulheres. No caso de Piotr Kropotkin, segundo afirma Tejero (2013), outro importante nome da fundamentação do anarquismo, este não contribuiu explicitamente para o avanço da liberdade das mulheres, se mantendo, de certa forma, omisso, no que se refere ao tema da emancipação feminista.

A segunda corrente baseava-se nas ideias de Mikhail Bakunin, que, contrariando o pensamento de Proudhon, defendia a igualdade entre homens e mulheres e a sua emancipação por meio da incorporação ao trabalho assalariado assim como estava estabelecido para os homens. No seu *Princípio e organização da sociedade internacional revolucionária*, Bakunin (2009, p. 55) defende que "a mulher, diferente do homem, mas não inferior a ele, inteligente, trabalhadora e livre como ele, é declarada seu igual nos direitos bem como em todas as funções e deveres políticos e sociais". No *Programa da sociedade da revolução internacional*, Bakunin (2009, p. 82) volta a se expressar em defesa da emancipação feminista, defendendo "a abolição do direito patriarcal, do direito da família, isto é, do despotismo do marido e do pai, fundado unicamente no direito da propriedade hereditária. E a igualização dos direitos da mulher com os do homem".

O feminismo anarquista

Enquanto as sufragistas lutavam pelo direito ao voto, ao trabalho e à propriedade privada, as feministas anarquistas avançam seu campo de luta. A

---

[8] "Or, quelle que soit cette fin, à quelque dignité que doive s'élever un jour la personne, la femme n'en reste pas moins, de ce premier chef de la constitution physique et jusqu'à plus ample informe, inférieuse devant l'homme, une sorte de moyen terme entre lui et le reste du règne animal. A cet égard, la nature n'est pas équivoque."

ESTILHAÇOS DE PAIXÃO E BELEZA: A TOMADA DE CONSCIÊNCIA EM *A PAIXÃO SEGUNDO G.H.* (1964), DE CLARICE LISPECTOR, E *LES BELLES IMAGES* (1966), DE SIMONE DE BEAUVOIR

partir desse momento, conquistado o direito ao trabalho, elas passam a lutar pela ampliação dos direitos individuais e coletivos, sobretudo por melhores condições de trabalho, igualdade salarial e redução da jornada de trabalho.

Outro elemento que merece ser destacado, enquanto fator de diferenciação ou mesmo avanço na plataforma de luta do feminismo libertário para o feminismo anarquista, diz respeito à questão do poder. As feministas ácratas incorporaram ao seu discurso e ao seu espaço de luta a noção de que a fonte de todas as formas de opressão à mulher, o que alimenta a desigualdade entre os gêneros e contribuiu com a opressão masculina, está na manutenção do capitalismo e do Estado, por sua vez, essencialmente patriarcal, paternalista, burguês, hierárquico e opressor.

Por isso, o tema recorrente do feminismo das liberdades é a revolução social que irá substituir a autoridade estatal e o modelo capitalista, consequentemente essas feministas são a favor da autonomia individual e coletiva, de uma economia baseada no mutualismo e comunalismo, e numa organização política sustentada pelas práticas autogestionárias e descentralizadas.

Essas práticas confrontam o machismo e a democracia representativa que asseguram o poder ao universo masculino. Nesse sentido, categoricamente, o feminismo ácrata abnega o direito ao voto entendendo que o sufrágio universal não iria conduzir ao pleno processo de igualdade, autonomia e liberdade.

No que tange à conquista dos direitos individuais, as anarquistas feministas[9] sentiam necessidade de lutar pelo direito ao divórcio, contra a violência doméstica, por questões como o amor livre, sexualidade e direitos reprodutivos, elementos reivindicados e revisitados por Beauvoir (2009), mais tardiamente, que não deu o devido reconhecimento direto ao legado deixado pelas feministas anarquistas.

Beauvoir (1970) reclama o forte engajamento de classe das militantes anarquistas, sobretudo de Louise Michel, e a falta de engajamento diante das questões de gênero e sexualidade. Mas vale ressaltar que, já com Emma Goldman, essas questões começam a aparecer, mesmo antes de Beauvoir, porém não receberam a devida atenção do meio acadêmico e intelectual da época, permanecendo entre os espaços mais marginais e de resistência radical.

---

[9] Algumas das mulheres que se destacaram nesse contexto de luta foram: Louise Michel (1830–1905); Lucy Parsons (1853–1942), Voltairine de Cleyre (1866–1912); Emma Goldman (1869–1939); Juana Rouco Buela (1889–1969); Maria Lacerda de Moura (1887–1945). Diante desses nomes, é possível notar o quanto o feminismo anarquista é internacional e descentralizado, com mulheres oriundas de nações como França, Estados Unidos, Lituânia, Espanha e Brasil.

O anarco-feminismo: Mujeres Libres e a Revolução Espanhola

No contexto da Revolução Espanhola, de 1936 a 1939, as anarquistas e feministas passam a incorporar essas duas concepções que eram vistas como independentes uma da outra, vendo protagonistas que tendiam à luta mais na direção do feminismo, aprofundando seus pontos de reivindicação, ou aquelas protagonistas que se envolviam mais profundamente com os objetivos do anarquismo. Obviamente que essas mulheres libertárias não anularam uma questão pela outra, mas, de alguma forma, tensionavam com mais precisão para um dos lados.

Com a revolução libertária de 1936, passa-se a compreender o movimento anarquista feminista por uma única expressão, o binômio anarco-feminismo. Essa expressão irá congregar o anarquismo como uma episteme do feminismo, e este, por sua vez, como um novo campo de luta aberto pelas mulheres ácratas. De um modo geral, o anarco-feminismo passou a ser um movimento unificado em prol da libertação da mulher, com o discurso integrado e radicalmente emancipatório no interior dos movimentos dissidentes, sobretudo a causa ácrata.

E ainda, segundo Tejero (2013, p. 84), "[…] lo que define el *anarcofeminismo* y lo diferencia de otros feminismos sea su completa oposición al Estado y a todas las instituciones que se articulan para su funcionamento y legitimación".

Vale ressaltar que, apesar do engajamento das anarquistas espanholas na década de 1930, o termo anarco-feminismo somente vai aparecer formalmente para o discurso acadêmico em 1960. "El término *Anarcofeminismo* surge en la segunda ola feminista en la década de 1960, de la mano del feminismo radical […]" (TEJERO, 2013, p. 84–85).

O anarco-feminismo tem suas origens por meio da organização denominada de *Mujeres Libres*, em plena Revolução Espanhola, e conforme aponta Rago (2012, p. 71):

> Não é de se estranhar que os discursos feministas mais radicais do século XIX e inícios do século XX provenham de figuras emancipadas como Emma Goldman, Maria Lacerda de Moura, Amparo Poch y Gascón, Lucía Sanchez Sornil, Mercedes Comaposada, fundadoras da organização anarco-feminista espanhola "Mujeres Libres". É interessante observar que nem sempre a dimensão anarquista ganha prioridade em relação ao feminismo nos discursos dessas revolucionárias, que, ao mesmo tempo, consideravam negativamente como

"feministas" as mulheres burguesas ou das camadas médias. Para elas, o feminismo liberal, ao reivindicar principalmente o direito ao voto e à instrução, era muito conservador, pois não questionava as estruturas profundas da sociedade burguesa, nem enfrentava claramente a questão da moral sexual imposta e as violências constitutivas das relações de gênero. Suas práticas, contudo, revelam um feminismo muito radical, pois questionavam o próprio modo de existência das mulheres, assim como os mitos misóginos construídos cientificamente sobre o corpo feminino e sobre a sua sexualidade.

Em trabalho anterior, Rago (2005, p. 135) demonstra o quanto as anarco-feministas que compunham a organização *Mujeres Libres* "foram silenciadas por várias décadas e, na verdade, vieram à tona, em grande parte, pela ação de suas próprias antigas militantes, desde o final do franquismo, em 1975". E ainda de acordo com Rago, o primeiro trabalho de destaque sobre as *Mujeres Libres* apenas foi elaborado em 1991, pela historiadora Martha Ackelsberg, sendo traduzido somente em 1999 para o espanhol.

A importância de se recorrer às origens do anarco-feminismo, na intenção de compreender a situação de opressão vivida por essas mulheres livres, é de perceber que, dentro do próprio movimento dito emancipatório, majoritariamente dirigido pelos homens, as anarquistas tiveram papel fundamental, quebraram paradigmas e reorientaram o curso das pautas reivindicatórias no sentido das liberdades ácratas. Estas, por sua vez, que por diversos momentos estão presentes nas atuais lutas, foram responsáveis pelo amadurecimento do feminismo para as questões sexuais e de gênero, uma década mais tarde adotadas por Beauvoir, contribuindo indiretamente para o acabamento teórico do existencialismo feminista; a escritora francesa assistiu aos desdobramentos da Revolução Espanhola, capturando as inovações de engajamento destas mulheres, valorizando esse legado insubmisso.

Também, o campo anarco-feminista foi responsável por antecipar algumas teses da teoria de gênero desconstrucionista, fortalecidas após a ruptura operada por Beauvoir e o movimento feminista que se seguiu com o pós-estruturalismo. Assim, com presença marginal diante da invisibilidade acadêmico-institucional, elas foram silenciadas, tanto pelos sujeitos envolvidos no processo revolucionário quanto pelos agentes de Estado e os círculos intelectuais mais centrais, e hoje, pela própria historiografia dominante.

A literatura socialista libertária e anarco-feminista

Essa vasta literatura feminista radical de base socialista e libertária demonstra o quanto a crítica literária tradicional e mesmo marxista ou desconstrucionista abandona esse passado e o papel dessas mulheres engajadas pela via do instrumento estético literário.

Valoriza-se muito a literatura engajada de Beauvoir, e esquece-se de que essa mesma literatura, às vezes diretamente, às vezes indiretamente, ou mesmo de forma omissa, bebeu dessa rica fonte de emancipação pela escrita de autoria feminina e feminista. Depois da Segunda Guerra Mundial, o romance existencialista vai ganhar muito espaço, ofuscando essas escritas revolucionárias, mas que de alguma forma, pela força, se mantiveram presentes.

A partir dessa longa corrente, que nasce com as sufragistas e culmina em Beauvoir, passando pelas *mujeres libres*, pode-se perceber o quanto é mais profunda do que se imagina a produção literária feminista, e como seus temas e a recepção dessas obras podem render reflexões sobre a multiplicidade do feminismo na literatura.

Uma vertente desse feminismo na literatura será explorada no próximo capítulo, a tendência existencial e existencialista no romance de Clarice Lispector e Simone de Beauvoir, respectivamente, partindo da análise dos elementos da narrativa de *A paixão segundo G.H.* e *Les belles images*, com a intenção de delinear a tomada de consciência nessas obras, fundamento central para o processo de emancipação da mulher leitora.

ELEMENTOS DA NARRATIVA EM *A PAIXÃO SEGUNDO G.H.* E *LES BELLES IMAGES*

> *Não tenho vontade de falar de Clarice. Tenho vontade de não falar dela, de escutá-la escrever, de escutar a música tensa úmida silenciosa de seu passo de escrita, com meus nervos, de ouvir seus pensamentos subindo e descendo com passos de anjos antigos ao longo da escada da escrita, com as pálpebras abaixadas de minhas orelhas, tenho vontade de irradiar Clarice, a arte-clarice para as minhas amigas, tenho necessidade de exalá-la, seu perfume, a íris, de irradiar seu olhar-perfume. Seu olhar que não olha, que afina seu brilho com a música luminosa das coisas: cliris.*

> (*Hélène Cixous, 1999, p. 61*)

> *Sua noção existencialista da liberdade implica não apenas não consentir, mas viver para ultrapassar a si mesma em um mundo que não serve nem para se submeter nem para gerir, mas para concordar com minha iniciativa de superação e, somente assim, contribuir para sua transformação.*

> (*Julia Kristeva, 2019, p. 88–89*)

Neste segundo capítulo, o objetivo principal é abordar os elementos da narrativa presentes na obra *A paixão segundo G.H.*, de Clarice Lispector, e *Les belles images*, de Simone de Beauvoir. Num primeiro momento, é feita a análise da obra de Lispector, e a segunda parte do capítulo é dedicada à obra de Beauvoir.

Elementos paratextuais em *A paixão segundo G.H.*

Gérard Genette (2009, p. 9) inclui no bojo dos elementos paratextuais o nome do autor, título, prefácio, ilustração, dedicatórias, epígrafes, entre outras informações que contornam a obra. Para o autor, a função do paratexto é tornar a obra presente, "[...] garantir sua presença no mundo, sua 'recepção' e seu consumo, sob a forma, pelo menos hoje, de um livro". E ainda, "[...] paratexto é aquilo por meio de que um texto se torna livro e se propõe como tal a seus leitores, e de maneira mais geral ao público".

Na obra *A paixão segundo G.H.*, a capa de algumas edições transmite inúmeros elementos que anunciam algumas particularidades da narrativa.

A primeira edição, de 1964, não apresenta qualquer gravura ou imagem ilustrativa na capa, apenas a cor vermelha e as letras grandes com o título da obra, nome da autora e o destaque de que o livro é um romance. A Editora do Autor havia sido recentemente criada, fundada em 1960 por Fernando Sabino em sociedade com Rubem Braga e Walter Acosta. Dois anos depois da publicação da obra de Clarice, em 1966, houve uma divisão da editora, dando origem à Editora Sabiá, por meio da qual a escritora continuou publicando suas demais obras.

Vale ressaltar que *A paixão segundo G.H.* foi publicada no mesmo ano do Golpe Militar, de 1964, surgindo em meio ao contexto político de muita agitação, contestações e resistências nas ruas ao modelo de exceção autoritário (AI-5, em 1968). Sobre esse período e o contexto de publicação da obra, Gotlib (1988, p. 162) afirma que os textos da autora refletem, de forma mais ou menos direta, os acontecimentos da nossa história durante a década de 1960. "Afinal, o tema da *repressão* está implícito ao dos *limites* das condições de vida, sobretudo da mulher, que a escritora aborda."

Acerca do projeto político presente na literatura lispectoriana e, especialmente, em *A paixão segundo G.H.*, Gotlib (1988, p. 161) destaca o valor combativo presente nos textos, buscando contestar o significado repressivo de sua época. "O ano de 1964 anuncia a publicação do seu romance *A Paixão segundo G.H.* que, embora traga qualidades já patentes em outras obras suas anteriores, por outro lado intensifica algumas delas, condensando-as num rígido sistema imagístico."

Para a crítica literária, a narrativa de Lispector se manifesta como um exercício de liberdade, "prova de resistência contra o instituído, só possível, naturalmente, por uma nova linguagem, que subverta também as ordens do seu próprio sistema de representação" (GOTLIB, 1988, p. 162).

Outra capa que merece destaque é a da edição crítica de 1988, coordenada por Benedito Nunes. Nessa edição, a introdução é composta por análises de João Cabral de Melo Neto, Antonio Candido, Olga Borelli e Benedito Nunes, que faz notas filosóficas sobre a obra. Seguindo o texto do romance, no final da obra, encontra-se a análise crítica de Nádia Gotlib, que faz referência ao ano de 1964 como o tempo de ter paixão, e discorre acerca dos acontecimentos que antecederam a obra e sobre seu contexto de publicação. Olga de Sá, por sua vez, tece comentários sobre os elementos textuais do romance, como a epifania, a paródia e o paralelismo bíblico, tal qual faz Afonso Romano de Sant'Anna, que investiga as impressões sobre o discurso narrativo, entre outros elementos.

Essa edição crítica é uma fonte rica de estudos sobre o romance por estar dotada dessa diversidade de análises crítico-literárias. É a primeira vez que aparece na capa a imagem do artrópode, barata. Contornando a imagem do inseto está a letra G, e o H se situa ao lado. Na edição de 1998 e na de 2009, a imagem da barata volta a aparecer na capa, demarcando sua importância para a composição do texto narrativo.

Outra capa importante, que merece ser comentada, refere-se à edição de 1998. Nela, os elementos do enredo estão explicitamente representados por imagens levemente grafadas. Em destaque, uma mulher branca, de traços finos, vestindo um robe claro, com olhar triste. Aparentemente, é uma mulher de classe social abastada. Ao lado dela, está localizado um armário, uma cama e a barata, elementos primordiais na composição da trama narrativa. A coloração amarela é predominante, dando impressão de solaridade ou aridez, referência ao deserto. Em toda a capa, linhas formam algo semelhante a uma rede, teia ou tecido, que remetem à imaginação, devaneios e sonhos, que se acentuam sob a cabeça da mulher e vão até a imagem acima, onde se encontra a representação de uma grande mesquita, com quatro minaretes, outro elemento marcante do romance. O minarete faz referência ao símbolo fálico, também ao permanente estado de vigia e controle social, comum às estruturas panópticas, e ainda, no caso específico do texto, à ideia de isolamento, imponência do quarto, onde ocorre grande parte da trama narrativa, em oposição ao restante do apartamento em que mora G.H. Na capa, a edificação religiosa está envolvida por dunas e areia do deserto, paisagem diversas vezes metaforizada na obra.

Por fim, a capa de 2014, edição comemorativa de cinquenta anos da obra, que, por sua vez, foi utilizada como base de leitura para este trabalho. Nessa edição de luxo, nota-se o cuidado do acabamento para receber o texto de Clarice, com folhas na cor creme, capa dura e folha de guarda preta, protegendo a folha de rosto e a última página. A obra possui 191 páginas, sendo elas maiores, com maior espaço nas margens, e com letras de maior tamanho do que as edições anteriores. A capa está ilustrada com o nome da autora e da obra, seguida de trechos marcantes do romance. Eles estão dispostos na forma horizontal e vertical, expressando frases como: "Sou mansa mas minha função de viver é feroz", "Ah, não retires de mim a tua mão", e "Viver é sempre questão de vida ou morte", entre outros fragmentos relevantes.

Seguindo a descrição e análise dos elementos paratextuais, faz-se necessário debruçar-se sobre o significado do título do romance.

Título: os devaneios da intimidade

A casa oniricamente completa é a única onde se pode viver os devaneios da intimidade, em toda sua variedade. Nela se vive só, ou a dois, ou em família, mas sobretudo só.

(Gaston Bachelard, 2001, p. 81)

Alguns estudos, como os de Tânia Jordão (2007); Marco Antonio Teles e Evely Libanori (2018); Cleide Maria de Oliveira (2013), fazem menção ao Gênero Humano como leitura de G.H. Pode-se pensar ainda numa relação entre a busca de um Grande Humano ou Grande Homem, e o debate sobre a transvaloração da condição humana, ou a potência do ser humano. Nesse sentido, G.H. é a expressão dessa força de transformação. Há nela um eu que se potencializa.

A escritora se utiliza da tradição judaico-cristã (sendo fiel à sua origem étnico-cultural) para compor sua leitura de *paixão*, fazendo referência à *paixão de Cristo*, retratada nos textos bíblicos, em que o messias é condenado, fazendo sua travessia com a cruz, sendo martirizado, crucificado e morto.

A concepção que os cristãos legam de *paixão* está intimamente ligada à penitência, ao sofrimento, à dor, ao martírio, e à morte do corpo para poder alcançar a sacralização do espírito, a via-crúcis do corpo. Lispector (2016), no livro de contos *A via-crúcis do corpo*, revisita essa temática, mas por outra ótica que não a religiosa, em que a salvação está aqui mesmo na Terra e no corpo, não no além-mundo. Na perspectiva cristã, a dimensão da *paixão* é apresentada pela lógica idealista ascética e benevolente, e em Clarice, principalmente no romance, ela ganha caráter de libertação, hedonismo e emancipação do corpo dos martírios que solapam as vontades e os desejos. Na sua via-crúcis, a travessia de G.H. é apaixonada pela pulsão de vida, e não pela dor, sofrimento e morte, como é comumente associada à paixão de Cristo. Os cristãos entendem que martirizando o corpo alcança-se a ascese, a iluminação que purifica a alma pela morte do corpo, chegando ao reino dos céus. Nesse sentido, essa via de crucificação parte do profano para o sagrado, do terreno para o celeste, do imanente para o transcendente.

A travessia para G.H. tem caráter oposto e não dualizado, como aquela dos cristãos. Não separa terreno de celeste, nem sagrado de profano, nem corpo de espírito. A transcendência se acessa pelo imanente. Conforme discute Olga de Sá (1988), existe o paralelismo bíblico, mas pela via paradoxal, onde se invertem os sentidos ontológicos da mitologia bíblica.

ESTILHAÇOS DE PAIXÃO E BELEZA: A TOMADA DE CONSCIÊNCIA EM *A PAIXÃO SEGUNDO G.H.* (1964), DE CLARICE LISPECTOR, E *LES BELLES IMAGES* (1966), DE SIMONE DE BEAUVOIR

> Tudo somado, para ressaltar o essencial, uma visão mística do mundo, que prescinde de religião, sem prescindir, porém, das mais fundas experiências religiosas do Judaísmo e do Cristianismo, da cosmovisão bíblica (SÁ, 1988, p. 219).

A sua paixão ruma na direção do renascimento do corpo e do seu espírito pagão, e não para o seu sacrifício e resignação pelo sagrado. "Atingia o núcleo da vida, o infernalmente inexpressivo, o nada. Todo esforço humano de salvação, que consiste em transcender, é eliminado para se ficar dentro do que é" (SÁ, 1988, p. 223).

Como exemplo dessa postura selvagem frente aos dogmas cristãos, e à construção de sua cosmologia sagrado-profana, G.H. come a barata e reflete sobre sua massa insossa e branca comparada ao corpo de Cristo, representado pela hóstia católica. Uma hóstia pagã, o corpo de um inseto que, pela tradição judaica, não deveria ser comido por ser impuro, profano e rastejante.

Em outra obra, Sá (1993, p. 135) rediscute a paródia da travessia da Paixão de Cristo, mas alertando para o cuidado que Clarice tomou em evitar o descaso sobre o tema cristão, extraindo componentes dessa travessia para criar elementos que "podem ser lidos na pauta do irônico e da reversão paródica".

Nesse sentido, o título do romance — elaborado a partir do procedimento da paródia — revela "a inversão da paixão de Cristo do plano da transcendência para o plano da imanência. [...] Clarice Lispector segue um modelo bíblico, mas o reverte, frequentemente, na construção de seu próprio itinerário" (SÁ, 1993, p. 135).

Seguindo a tradição filosófica que elabora uma crítica ao pensamento cristão, à tradição judaica, e à estrutura ocidental do pensamento, Nietzsche (2007) inaugura uma reflexão sobre a *paixão* através de uma premissa que ficou, mais tarde, conhecida como o pensamento solar, ou seja, retira a concepção ascética e coloca, no seu lugar, a concepção hedonista-existencial.

Para o filósofo, é a realidade que justifica o homem, e sempre justificará. "E quanto mais vale o homem real se o comparamos com um homem ideal qualquer, com um homem que não é mais que uma trama de desejos, de sonhos e de mentiras? O homem ideal é contrário aos gostos do filósofo" (NIETZSCHE, 2006, p. 74).

A moral cristã apregoa aos indivíduos que se devem matar as paixões, submetendo-os a um eterno estágio de castração, de culpa, e faz com que valores sublimes sejam colocados acima de si mesmos. Caminhando para um lado oposto, Nietzsche (2006, p. 28) salienta que há uma época em que todas as paixões são funestas, em que suas vítimas envilecem "com o peso da brutalidade, e uma época posterior, muito mais tardia, em que se casam com a inteligência e se espiritualizam. [...] Todos os antigos juízos morais estão de acordo neste ponto: é preciso destruir as paixões".

Clarice se utiliza do pensamento judaico-cristão para elaborar a sua compreensão de paixão, e trabalha esse conceito por uma outra perspectiva, projetando nele a concepção solar, selvagem e pagã, que emancipa a mulher, seu corpo e sua existência material.

Dedicatória: para pessoas de almas formadas

A POSSÍVEIS LEITORES

Este livro é como um livro qualquer.

Mas eu ficaria contente se fosse lido apenas

por pessoas de alma já formada.

Aquelas que sabem que a aproximação,

do que quer que seja, se faz gradualmente

e penosamente — atravessando inclusive

o oposto daquilo que se vai aproximar.

Aquelas pessoas que, só elas,

entenderão bem devagar que este livro

nada tira de ninguém.

A mim, por exemplo, o personagem G.H.

foi dando pouco a pouco uma alegria difícil;

mas chama-se alegria.

ESTILHAÇOS DE PAIXÃO E BELEZA: A TOMADA DE CONSCIÊNCIA EM *A PAIXÃO SEGUNDO G.H.* (1964), DE
CLARICE LISPECTOR, E *LES BELLES IMAGES* (1966), DE SIMONE DE BEAUVOIR

C.L. (LISPECTOR, 2014, p. 5).

É importante conferir devida atenção a dois elementos paratextuais do romance *A paixão segundo G.H.*: a dedicatória e a epígrafe. Ao dedicar o livro "a possíveis leitores", Clarice Lispector começa a dedicatória dizendo que é "como um livro qualquer", mas que "ficaria contente se fosse lido apenas por pessoas de alma já formada. Aquelas que sabem que a aproximação, do que quer que seja, se faz gradual e penosamente — atravessando inclusive o oposto daquilo que se vai aproximar".

O pronome *qualquer* concede ao texto um caráter desimportante, colocando-o no nível dos romances comuns, despretensiosos. A autora o insere num conjunto de obras literárias genéricas, porém segue com a pretensão de selecionar o tipo de leitor ideal, aquele que já tivesse feito a *travessia* dificultosa realizada pela personagem G.H. Aquele leitor que como *o homem do subsolo*, de Fiódor Dostoiévski (2000); Jean Baptiste Clemente, de Albert Camus (1986); Zaratustra, de Friedrich Nietzsche (2011), já cruzou o caminho do autoconhecimento.

Nesse processo de travessia, a título de exemplo, pode ser citado o momento em que *o homem do subsolo* diz:

> Não consegui chegar a nada, nem mesmo tornar-me mau: nem bom nem canalha nem honrado nem herói nem inseto. Agora, vou vivendo os meus dias em meu canto, incitando-me a mim mesmo com o consolo raivoso — que para nada serve — de que um homem inteligente não pode, a sério, tornar-se algo, e de que somente os imbecis o conseguem (DOSTOIÉVSKI, 2000, p. 17).

O fragmento anterior refere-se a uma passagem do início da novela, em que a personagem ainda não tinha iniciado sua trajetória de descida ao subsolo. Pode-se notar a presença do discurso angustiado e desesperançoso do protagonista. Na passagem que se segue, ele já elaborou as ideias que superaram o homem do passado.

> E, no que se refere a mim, apenas levei até o extremo, em minha vida, aquilo que não ousastes levar até a metade sequer, e ainda tomastes a vossa covardia por sensatez, e assim vos consolastes, enganando-vos a vós mesmos. De modo que eu talvez esteja ainda mais "vivo" que vós. [...] Para nós é pesado, até, ser gente, gente com corpo e sangue autênticos, *próprios* [...] (DOSTOIÉVSKI, 2000, p. 146).

No caso de Zaratustra, este busca a reclusão na montanha para fazer essa transformação subjetiva:

> Mas enfim seu coração mudou — e um dia se levantou com a aurora, foi para diante do sol e assim lhe falou: "Ó grande astro! Que seria de tua felicidade, se não tivesses aqueles que iluminas?" [...] Mudado está Zaratustra; tornou-se uma criança Zaratustra, um despertado é Zaratustra: que queres agora entre os que dormem? Vivias na solidão como num mar, e o mar te carregava. Ai de ti, queres então subir à terra? Ai de ti, queres novamente arrastar tu mesmo o teu corpo? Respondeu Zaratustra: "Eu amo os homens" (NIETZSCHE, 2011, p. 11–12).

Já em relação a Jean Baptiste Clemente, aos poucos vai ocorrendo a transformação de sua personalidade fria, arrogante, típica da liberdade do *homem unidimensional*, evocado por Marcuse (1973), espectro que renascerá com força no final do século XX e início do século XXI, o homem neoliberal, e que Camus soube, de forma magistral, representar já na metade do século XX.

> Sem ela [liberdade], a bem dizer não há solução definitiva. Logo compreendi isso. Antigamente, só tinha liberdade na boca. No café da manhã, eu a passava nas minhas torradas, mastigava-a durante todo o dia, levava ao mundo um hálito deliciosamente refrescado pela liberdade. [...] Não sabia que a liberdade não é uma recompensa, nenhuma condecoração que se comemora com champanha. Nem, aliás, um presente, uma caixa de chocolates de dar água na boca. Oh, não, é um encargo, pelo contrário, e uma corrida de fundo, bem solitária, bem extenuante. Nada de champanha, nada de amigos que ergam sua taça, olhando-nos com ternura (CAMUS, 1986, p. 90–91).

Retornando à epígrafe, no trecho "Aquelas pessoas que, só elas, entenderão bem devagar que este livro nada tira de ninguém", nota-se que a leitura deve ser cautelosa, e que a leitora e o leitor somente se beneficiarão com o contato com a personagem, como acontece com Clarice, que afirma ter recebido "pouco a pouco uma alegria difícil" de G.H.

A matriz teórica concebida pela filosofia de Nietzsche está direta e indiretamente muito presente na obra de Clarice Lispector, conforme demonstra Ricardo Iannace (2001). Além dessa fonte intelectual nutrir a literatura lispectoriana, também é possível verificar pontos de contato entre o subtítulo de *Assim falou Zaratustra*, denominado como *um livro para todos*

ESTILHAÇOS DE PAIXÃO E BELEZA: A TOMADA DE CONSCIÊNCIA EM *A PAIXÃO SEGUNDO G.H.* (1964), DE CLARICE LISPECTOR, E *LES BELLES IMAGES* (1966), DE SIMONE DE BEAUVOIR

e para ninguém[10], com a dedicatória feita pela escritora brasileira: *Este livro é um livro qualquer [...] Mas eu ficaria contente se fosse lido apenas por pessoas de alma já formada.*

Nos dois casos, refere-se ao livro como algo genérico, com alcance a todos, oferecendo-o para um público geral, mas, ao mesmo tempo, de forma paradoxal, para ninguém, ou somente para quem tem alma formada, que já fez a passagem para o que Nietsche (2001) chamou de *espírito livre*. Sendo assim, o ponto de confluência entre a dedicatória do romance *A paixão segundo G.H.* e o subtítulo de Zaratustra é o recurso do paradoxo.

Epígrafe: a tradução atrasada

> *"A complete life may be one ending*
> *in so full identification with the nonself*
> *that there is no self to die."*
> *Bernard Berenson*
>
> *(LISPECTOR, 2014, p. 7).*

Lispector sente necessidade de justificar à leitora e ao leitor o equívoco da ausência de tradução da epígrafe da obra *A paixão segundo G.H.*, publicada em 1964. Essa tradução foi feita somente em 25 de abril, de 1970, no Jornal do Brasil, e em seguida, é publicada em seu livro de crônicas *A descoberta do mundo.*

Tradução atrasada

Como epígrafe de meu romance, A paixão segundo G. H., escolhi, ou melhor, caiu-me por milagre nas mãos, depois do livro escrito, uma frase de Bernard Berenson, o crítico de arte. Usei-a como epígrafe, talvez sem mesmo que tivesse muito a ver com o livro, mas não resisti à tentação de copiá-la.

Só que cometi um erro: Não a traduzi, deixei em inglês mesmo, esquecendo de que o leitor brasileiro não é obrigado a entender outra língua. A frase em português é: "Uma vida completa

---

[10] Paulo César de Souza (2011, p. 340), em posfácio de *Assim falou Zaratustra*, comenta sobre o subtítulo da obra em questão. "Numa carta que escreveu a seu editor, enquanto trabalhava no livro, Nietzsche afirmou que este era 'acessível a qualquer pessoa'; ao mesmo tempo, podemos dizer que é 'para ninguém' por sua natureza intensamente pessoal: assim, em outra carta do mesmo ano, ele diz que nesse livro 'há um incrível montante de experiência e sofrimento pessoal que é compreensível apenas para mim — muitas páginas me parecem quase sangrentas'. Mas nessa formulação contraditória não deixa de se manifestar o gosto pelo paradoxo, que é característico do autor."

talvez seja a que termine em tal plena identificação com o não-eu, que não resta nenhum eu para morrer." Em inglês fica mais íntegra a frase, além de mais bonita (LISPECTOR, 1999, p. 187).

Davi Pessoa Carneiro Barbosa (2017) identificou uma relação entre o que a escritora chamou de *tradução atrasada* e o conceito de *traduzibilidade*, discutido por Walter Benjamin (2008). Para o filósofo alemão,

> [...] a traduzibilidade é, em essência, inerente a certas obras; isso não quer dizer que sua tradução seja essencial para elas mesmas, mas que um determinado significado inerente aos originais se exprime na sua traduzibilidade. É mais do que evidente que uma tradução, por melhor que seja, jamais poderá ser capaz de significar algo para o original (BENJAMIN, 2008, p. 68).

Inserida nesse processo de traduzibilidade, a escritora brasileira faz a tradução da epígrafe tardiamente, considerando, mesmo assumindo seu equívoco da não tradução, o texto original mais íntegro e mais belo. Quando a autora se propõe a traduzir, ela realiza uma reescritura atrasada do texto original. Inserida num contexto de traduzibilidade, ela dá movimento ao texto. Isso se destaca na ocasião em que ela mesma reconhece que o resultado de sua tradução não suporta a equivalência do texto original, ou seja, "é preservando uma tal separação que se deve questionar se a tradução de determinada estrutura de linguagem deve ser exigida" (BENJAMIN, 2008, p. 67).

O autor da epígrafe escolhida por Clarice, Bernard Berenson, foi um crítico de arte lituano, e viveu entre 1865 e 1959, portanto, foi contemporâneo da escritora. Seus pais, que eram pequenos comerciantes de madeira, levaram-no aos 10 anos de idade para morar em Boston, vivendo de forma tangencial a cultura estadunidense, já que passou grande parte de sua vida em Florença.

Berenson foi um importante crítico de arte, tendo como destaque a obra *Aesthetics and History*, de 1950, que de acordo com Raul Antelo (2016) marca a existência de valores táteis nas obras de arte, discutindo o estímulo das ideias de psicologia evolutiva de Willian James, distantes de Darwin e Freud, mas próximas do vitalismo de Bergson e da filosofia de Nietzsche, marcando o debate historiográfico da arte com a noção de háptico-óptico.

Segundo a própria Clarice, a epígrafe *caiu como um milagre* em suas mãos, e talvez não tivesse muita ligação com o romance, transmitindo a ideia de que tanto o crítico de arte quanto a epígrafe não tivessem relação com ela nem com a obra. Porém, segundo Antelo (2016), existem alguns pontos de aproximação entre os autores. Primeiramente, ambos nasceram no Leste Europeu, e os dois migraram para as Américas, ele para os Estados Unidos e ela, como se sabe, para o Brasil; um outro ponto é que ambos eram de origem judaica. Outro elemento importante a ser destacado é que o crítico literário defendia a concepção dos valores táteis na arte, enquanto a escritora, na sua ficção, explora esses valores.

> Como macabéa (como Macabéa) Lispector avança na pós-filosofia: só tem valores táteis para justificar sua fealdade, seu desajeitamento, sua falta de proporção e o grotesco de sua expressão. Vai *ex nihilo ad nihilum* e encontra que o *pharmakon*, que é o próprio exterior, jamais poderá reivindicar para si qualidade própria ou específica. É a partir desse exterior que Clarice pensa tudo *da capo*. Uma vida plena só pode ser aquela que alcance uma identificação tão completa com o não-eu que não reste mais um eu para morrer (ANTELO, 2016, p. 7).

G.H. mergulha profundamente no processo de autoconhecimento, se lançando nessa busca, nesse exercício de extrair o supérfluo, o aparente, de negar tudo que é desnecessário, para ultrapassar o elementar do eu banal e o limitado. Ela busca alcançar um eu sublime, supremo, transcendental, que não mais necessite do antigo eu, chegando no estágio de profundo equilíbrio, de isenção.

Assim como Berenson, Clarice também tinha origem judaica, ou seja, uma *gênese desconhecida*, um modo universalista e não essencialista da concepção de ser, isso reflete diretamente no modo clariciano de narrar, manifestado assim pelo seu estilo háptico.

> Clarice compreende que, não havendo origem, a realidade antecede a voz que a procura, e na medida em que a terra antecede a árvore, o mundo antecede o homem, na mesma proporção em que o mar antecede à visão do mar, a vida antecede o amor, a matéria do corpo antecede o corpo, e por sua vez, a própria linguagem antecede a posse do silêncio. O estilo háptico, em suma, não existe sem linguagem (ANTELO, 2016, p. 6).

Elementos da narrativa em *A paixão segundo G.H.*

A paixão segundo G.H. é o primeiro romance escrito por Clarice inteiramente em primeira pessoa. A personagem narradora expõe à leitora uma sequência de eventos ocorridos e demarcados no tempo, mas o elemento temporal que mais importa é a organização do tempo psicológico da narrativa, que, de acordo com Benedito Nunes (2013, p. 63), em se tratando da ousadia da autora em explorar com complexidade o recurso do monólogo interior direto levou ao auge da polarização subjetiva do romance, chegando "a uma forma monologal de narrativa, temporalmente densa que tendeu a fundir o tempo da história ou da ficção com o tempo da escrita ou da narração, e se não fosse impossível, com o tempo da leitura".

Nunes (2013, p. 63) afirma ainda que o romance em questão

> [...] é um caso extremo da experiência temporal na arte de narrar — que indica, também, o limite do "feitiço hermético" do texto romanesco quando tematiza o tempo, com a intenção de retê-lo no presente imóvel de uma súbita iluminação ou *epifania* para a consciência individual.

O tempo que prevalece no romance é o psicológico, caracterizado, segundo Nunes (2013, p. 19), pela sucessão dos estados internos e a "permanente descoincidência com as medidas temporais objetivas". Ainda de acordo com o autor, o tempo psicológico é subjetivo e qualitativo, e a percepção do presente se faz ou em função do passado ou em função de projetos futuros.

No caso da personagem G.H., a percepção do presente se faz em função do passado recente marcado pelo dêitico "ontem", como se pode notar no trecho: "Ontem, no entanto perdi durante horas e horas a minha montagem humana" (LISPECTOR, 2014, p. 10).

No romance em questão, em concordância com as ideias de Edward Morgan Forster (2005), o que importa não são os valores mensurados por minutos, mas pela intensidade. O que interessa, na narrativa, é a potência da reflexão sobre a condição da existência da personagem.

Para Forster (2005), a ordem causal tem um maior grau de complexidade do que a ordem temporal na narrativa. Ao se pensar brevemente no enredo, tem-se uma mulher burguesa que, após a demissão da empregada, vai até o quarto desta, se depara com uma barata, e passa por um profundo processo de autorreflexão.

ESTILHAÇOS DE PAIXÃO E BELEZA: A TOMADA DE CONSCIÊNCIA EM *A PAIXÃO SEGUNDO G.H.* (1964), DE CLARICE LISPECTOR, E *LES BELLES IMAGES* (1966), DE SIMONE DE BEAUVOIR

Durante a leitura do romance, a leitora e o leitor têm, diante de si, a suspensão da sequência do tempo, num longo processo de fluxo de consciência. Isto é, trata-se, categoricamente, de movimentos internos, de movimentos que se realizam na consciência da personagem narradora.

Erich Auerbach (2013) discute a oposição entre os escritores que propõem uma ideia de síntese (Marcel Proust, James Joyce, Virginia Woolf), podendo inserir Clarice Lispector nesse bojo, e os escritores que privilegiam a cronologia do tempo integral (Gustave Flaubert, Émile Zola, Thomas Mann). Ao debater sobre o fluxo de consciência e a estratificação do tempo nos escritores modernos, afirma que eles

> [...] preferem exaurir acontecimentos quotidianos quaisquer durante poucas horas e dias a representar perfeita e cronologicamente um decurso integral exterior, também eles são guiados (mais ou menos conscientemente) pela ponderação de que não pode haver esperança alguma de ser, dentro de um decurso exterior integral, realmente completo, fazendo reluzir, ao mesmo tempo, o essencial; também receiam impor à vida, ao seu tema, uma ordem que ela própria não oferece (AUERBACH, 2013, p. 494).

Durante um extenso período da literatura mundial, pensou-se que narrar um longo acontecimento histórico ou a vida inteira de um herói era o alcance da perfeição na arte de escrever. Porém, o filólogo alemão mostra que a perfeição do texto narrativo pode ser alcançada com o relato daquilo

> [...] que aconteceu a poucas personagens, no decurso de alguns minutos, horas ou, em último caso, dias; e com isto encontra-se, também, a ordem e a interpretação da vida, que surge dela própria; isto é, aquela que se forma, em cada caso, em cada personagem; aquela que é encontrável, em cada caso, na sua consciência, nos seus pensamentos e, de forma mais velada, também nas suas palavras e ações (AUERBACH, 2013, p. 494).

Diante de acontecimentos exteriores do cotidiano, para Auerbach (2013), é que surgem reflexões sobre a condição existencial, como ocorre com a personagem G.H. diante do esmagamento do inseto.

Considerando o tempo linguístico do romance, a ordenação dos eventos faz-se de forma retrospectiva ao momento da fala, visto que a personagem narradora expõe os acontecimentos do dia anterior. Sendo assim, o romance inicia-se *in media res*.

Feitas breves considerações sobre o tempo, é de suma importância realizar algumas considerações sobre o espaço nos dois romances aqui estudados. A obra *A poética do espaço*, de Gaston Bachelard (1993), garante vínculo com a herança epistemológica adotada por Lispector, ao trazer subsídios sólidos sobre a abordagem do espaço pela perspectiva da fenomenologia existencial.

A sua concepção de *espaço poético*, inovadora por valorizar a dimensão subjetiva da realidade objetiva, defende que elementos fenomênicos do espaço estão desvinculados das heranças do passado. A coisa *em si*, o espaço, não precisa estar carregado de vínculo com o passado para ser analisado. É justamente da manifestação espontânea e essencial do fenômeno espacial que se alcança o poético.

> A imagem poética não está sujeita a um impulso. Não é o eco de um passado. É antes o inverso: com a explosão de uma imagem, o passado longínquo ressoa de ecos e já não vemos em que profundezas esses ecos vão repercutir e morrer. Em sua novidade, em sua atividade, a imagem poética tem um ser próprio, um dinamismo próprio. Procede de uma *ontologia* direta (BACHELARD, 1993, p. 2).

Ao contrário da noção de tempo, trazida por Forster (2005), em que as noções de condicionalidade e de causalidade são determinantes para compreender essa dimensão no romance, o espaço, nesse caso, o espaço poético, subjetivo, oriundo do inconsciente, de base existencial, está vinculado a uma ontologia direta do fenômeno dado.

> Mas essa expressão poética, mesmo não tendo uma necessidade vital, é ainda assim uma tonificação da vida. O bem-dizer é um elemento do bem-viver. A imagem poética é uma emergência da linguagem, está sempre um pouco acima da linguagem significante (BACHELARD, 1993, p. 11).

No caso da noção de espaço em *A paixão segundo G.H.*, é fundamental considerar a sua dimensão objetiva e subjetiva, como processo da causalidade, mas também como um fenômeno específico.

> Para isso é necessário associar sistematicamente o ato da consciência criadora ao produto mais fugaz da consciência: a imagem poética. Ao nível da imagem poética, a dualidade do sujeito e do objeto é irisada, reverberante, incessantemente ativa em suas inversões. Nesse âmbito da criação da imagem poética pelo poeta, a fenomenologia é, se assim podemos dizer, uma fenomenologia microscópica (BACHELARD, 1993, p. 4).

O espaço poético do romance é marcado por elementos investigados por Bachelard (1993), como a *casa* (no caso o apartamento de G.H.); o *armário*; os *cantos*; a *imensidão íntima*; e a *dialética do exterior e do interior*.

O filósofo francês dedica parte da sua teoria ao que ele chama de *objetos-sujeitos*, analisando objetos que guardam segredos das intimidades, como as gavetas, os cofres e os armários. Verdadeiro órgão de um evento psicológico de G.H., o guarda-roupa do quarto da empregada funciona como elemento copartícipe do seu momento epifânico.

Diante da abordagem fenomenológica do espaço trazida por Bachelard, manifestam-se inúmeros estudos que passam a reconhecer a dimensão poética desse elemento, bem como reconhecer o sentido da percepção e da experiência vivida. A chave dessa tradição foi o conceito *topofilia*: "as imagens do espaço feliz" (BACHELARD, 1993, p. 19).

> Visam determinar o valor humano de posse, dos espaços defendidos contra forças adversas, dos espaços amados. Por razões não raro muito diversas e com as diferenças que as nuanças poéticas comportam, são *espaços louvados*. Ao seu valor de proteção, que pode ser positivo, ligam-se também valores imaginados, e que logo se tornam dominantes (BACHELARD, 1993, p. 19).

Esse *espaço amado* também é concebido por Bachelard (1993, p. 19) como o espaço percebido, que

> [...] pela imaginação não pode ser o espaço indiferente entregue à mensuração e à reflexão do geômetra. É um espaço vivido. E vivido não em sua positividade, mas com todas as parcialidades da imaginação. Em especial, quase sempre ele atrai. Concentra o ser no interior dos limites que protegem. No reino das imagens, o jogo entre o exterior e a intimidade não é um jogo equilibrado.

O oposto do espaço vivido é a *topofobia*, espaços de hostilidade, indiferença, que causam repulsa, náusea ou simplesmente são replicações de outros espaços, padronizados, não manifestando afetividade e vivência, é um lugar pouco atraente. Geralmente, as percepções negativas dos espaços topofóbicos advêm da concepção, leitura e entendimento que o sujeito tem daquele lugar. Às vezes, não sendo percebido da mesma forma por outro indivíduo.

Buscando fazer um comparativo com a obra *A paixão segundo G.H.*, para a proprietária do apartamento, o quarto da empregada seria *topofóbico*, desconhecido e indiferente. A partir do momento em que a patroa adentra o quarto da funcionária, ela passa a contestar toda sua percepção daquele lugar, tendo uma nova compreensão dele. Com a experiência vivida naquele ambiente, iniciam-se profundas reflexões e contestações de valores, alargando o processo de tomada de consciência.

Ao tratar o espaço da casa, Bachelard (1993, p. 63) argumenta que "nossa vida adulta é tão despojada dos primeiros bens, os vínculos antropocósmicos são tão frouxos, que não sentimos sua primeira ligação com o universo da casa". O adulto se distancia do lúdico, abandona as vivências com a natureza, a primitividade, os sonhos. É o que acontece com G.H., distante dessa vida dos sonhos, da experiência vivida, imersa nessa vida da razão instrumental, sistêmica, simétrica, dita civilizada, comum à mulher contemporânea, da sociedade moderna industrial.

> Nessa comunhão dinâmica entre o homem e a casa, nessa rivalidade dinâmica entre a casa e o universo, estamos longe de qualquer referência às simples formas geométricas. A casa vivida não é uma caixa inerte. O espaço habitado transcende o espaço geométrico (BACHELARD, 1993, p. 62).

Essa comunhão dinâmica entre o ser humano e a casa, a rivalidade dinâmica entre a casa e o universo é o que a faz não ser inerte, somente geométrica, mas complexa, dotada de experiências existenciais. "Toda a grande imagem simples revela um estado de alma. A casa, mais ainda que a paisagem, é 'um estado de alma'" (BACHELARD, 1993, p. 87). Não importa se a casa é grande ou pequena, se é ostentosa ou modesta, ela é o nosso "canto do mundo", onde desenvolvemos nosso espaço vital.

No que concerne ao romance de Clarice, a personagem afirma que seu apartamento se assemelha a ela, possuindo penumbras e luzes úmidas, e que assim como ela é imprevisível, um aposento precede e promete o outro.

Um integrante da classe dominante se comporta e consome como os seus iguais, seguindo um padrão inclusive no modelo habitacional. G.H., refletindo sobre seu comportamento inserido no estilo de vida da lógica de classe, declara:

> O apartamento me reflete. É no último andar, o que é considerado uma elegância. Pessoas de meu ambiente procuram morar na chamada "cobertura". É bem mais que uma elegân-

ESTILHAÇOS DE PAIXÃO E BELEZA: A TOMADA DE CONSCIÊNCIA EM *A PAIXÃO SEGUNDO G.H.* (1964), DE CLARICE LISPECTOR, E *LES BELLES IMAGES* (1966), DE SIMONE DE BEAUVOIR

> cia. É um verdadeiro prazer: de lá domina-se uma cidade. Quando essa elegância se vulgarizar, eu, sem sequer saber por que, me mudarei para outra elegância? Talvez (LISPECTOR, 2014, p. 28).

A protagonista revela que seu apartamento e sua vida são um decalque, uma réplica, nada é realmente verdadeiro: "[...] decalcar uma vida provavelmente me dava segurança exatamente por essa vida não ser minha: ela não me era uma responsabilidade" (LISPECTOR, 2014, p. 29). E continua a reflexão usando a metáfora das aspas, fazendo referência à falta de essência que se tem na existência imersa em padrões de consumo, no estilo de vida superficial e torpe vivido por um modelo social abastado.

> Como se ama a uma ideia. A espirituosa elegância de minha casa vem de que tudo aqui está entre aspas. Por honestidade com uma verdadeira autoria, eu cito o mundo, eu o citava, já que ele não era nem eu nem meu (LISPECTOR, 2014, p. 29).

Nota-se que o apartamento é confortável, luxuoso, também um ambiente que transmite frieza e possui poucas marcas pessoais de G.H. A identidade do lugar encontra-se apagada, assim como a identidade da personagem, que só começará a buscá-la com profundidade a partir do momento em que adentra o quarto da empregada.

Na manhã que se segue à demissão da empregada, depois de tomar seu café da manhã, G.H. decide, na ausência de uma auxiliar, arrumar seu apartamento começando pelo que ela chama de "bas-fond" de sua casa, pelo quarto da ex-funcionária.

Após o café, ela permanece à mesa por um longo tempo refletindo sobre sua existência. Em seguida, dirige-se à área de serviço. "No fim da área está o corredor onde se acha o quarto. Antes, porém, encostei-me à murada da área para acabar de fumar o cigarro" (LISPECTOR, 2014, p. 32). Nesse movimento de buscar o quarto da empregada, a patroa entra em contato com a intimidade da funcionária, passando a ter contato com sua própria intimidade, sua interioridade, sua condição de ser mulher.

Depois do cigarro, a personagem descreve a parte externa do prédio: "Por fora meu prédio era branco, com lisura de mármore e lisura de superfície"; e confronta com a parte interna:

> Mas por dentro a área interna era um amontoado oblíquo de esquadrias, janelas, cordames e enegrecimentos de chuvas, janela arreganhada contra janela, bocas olhando bocas. O bojo

> de meu edifício era como uma usina. A miniatura da grandeza de um panorama de gargantas e canyons [...]. Aquilo tudo era de uma riqueza inanimada que lembrava a da natureza: também ali poder-se-ia pesquisar urânio e dali poderia jorrar petróleo (LISPECTOR, 2014, p. 33).

Essa ponderação que G.H. faz sobre o prédio em que habita remete à compreensão que Bachelard (1993) tem sobre *a dialética do interior e do exterior*, onde se pode pensar a dialética do ser e do não ser.

O exterior, sendo um lugar branco, liso, de mármore, transmite limpeza, frieza, ordem, requinte, austeridade, controle, representa um espaço sistematizado, lógico, e que não aparenta superficialidade. Tudo aquilo que pertence à oposição das estruturas binárias construídas pela masculinidade e seus instrumentos de dominação feminina. Vale destacar o papel que Beauvoir (2009) teve no passado, e mais recentemente, que Butler (2015) tem ao negarem esse essencialismo presente nessa noção binária, mesmo dentro das interpretações feministas e de gênero.

A personagem G.H. utiliza os substantivos usina, gargantas, canyons, montanha, estabelecendo uma comparação entre estes e o bojo de seu edifício. As gargantas, os canyons, as montanhas são paisagens selvagens, configuram uma ideia de imensidão que simboliza o nada como angústia vital experienciada e refletida pela protagonista. Já a usina remete à natureza transformada, materialidade concreta. Ela é o instrumento de exploração e de transformação do selvagem.

John Zerzan (2016), filósofo e estudioso dos temas selvagem e primitivo,[II] se esforça para demonstrar os equívocos trazidos pelo preconceito que enxerga esses adjetivos como sinônimo de atrasado ou mesmo brutal. Para ele, o processo de domesticação da mulher foi causado pelo homem, retirando-a da condição de selvagem, que ocorreu no início do neolítico, garantindo a dominação masculina, as origens do patriarcado, e consequentemente, o Estado e o poder soberano.

[II] "O locus da transformação do selvagem para o cultural é o domicílio, a mulher se torna progressivamente limitada a seus horizontes. A domesticação é fundamentada aqui (etimologicamente, do latim *domus*, ou cuidados da casa): trabalho árduo, menos robustidade do que na coleta, muito mais filhos e menor expectativa de vida que os homens são características encontradas na vida da mulher agricultora. Aqui surge uma outra dicotomia, a distinção entre trabalho e não-trabalho, que, para muitos e para muitas gerações, não existe. A partir da produção dos gêneros e da sua constante extensão, surgirão as fundações de nossa cultura e mentalidade. Confinada, senão totalmente pacificada, a mulher é definida como passiva, assim como a natureza, com valor intrínseco para tornar-se algo produtivo, à espera da fertilização, de estimulação externa para se realizar. As mulheres experienciaram o movimento da autonomia e equidade relativas nos pequenos grupos anárquicos e móveis, para um *status* controlado em amplos e complexos povoados e governos" (ZERZAN, 2016, p. 13–14).

As gargantas e os canyons são grandes conjuntos naturais. O que são as usinas em comparação com a abundância e tamanho dessas paisagens? Nesse paralelo estabelecido por G.H., nota-se seu raciocínio com relação à oposição entre o selvagem e a domesticação humana. Logo, depreende-se que, no discurso da personagem, encontram-se as gargantas e os canyons como metáforas de um lugar onde o homem constrói seus valores para se adestrar, longe da natureza selvagem, no urbano. Mas o contato direto entre G.H. com o espectro do que se aproxima com o primitivo ou selvagem se dará na ocasião em que ela adentrar o quarto da ex-empregada, e se deparar com a forma segundo a qual levava sua vida particular naquele espaço privado da casa, assunto que será mais discutido à frente.

E ainda raciocinando sobre a área interna da residência, ela complementa dizendo: "Eu via o que aquilo dizia: aquilo não dizia nada. E recebia com atenção esse nada, recebia-o com o que havia dentro de meus olhos nas fotografias [...]" (LISPECTOR, 2014, p. 33). Essa mulher vazia, ausente, "entre aspas", uma réplica, ainda não *era*. Onde não se tem ser, se tem o nada, oriundo do que se dissipa do próprio ser, como fragmento, estilhaços.

Em relação ao nada e sua condição própria vinculada ao ser, Jean-Paul Sartre (2007, p. 64) traz sólida abordagem sobre os conceitos em questão, argumentando acerca da dependência do nada ao próprio ser:

> O nada, não sustentado pelo ser, dissipa-se *enquanto nada*, e recaímos no ser. O nada não pode nadificar-se a não ser sobre um fundo de ser: se um nada pode existir, não é antes ou depois do ser, nem de modo geral, fora do ser, mas no bojo do ser, em seu coração, como um verme.

Então, até na ausência do nada, a manifestação do ser erige-se como própria condição da estrutura do vazio, que independe do nada, e este, ao contrário, só pode se manifestar pelo ser, como uma estrutura emprestada.

> Significa que o ser não tem qualquer necessidade do nada para se conceber, e que se pode examinar sua noção exaustivamente sem deparar com o menor vestígio do nada. Mas, ao contrário, o nada, que *não é*, só pode ter existência emprestada: é do ser que tira seu ser; seu nada de ser só se acha nos limites do ser, e a total desaparição do ser não constituiria o advento do nada: *não há não-ser salvo na superfície do ser* (SARTRE, 2007, p. 58).

Em contrapartida, no quarto de Janair,[12] G.H. compreenderá o selvagem, mergulhando numa reflexão vigorosa do ser que tomará consciência de si. De um andar que se dissipava encontra-se um ser que parte com destino à transcendência primitiva da mulher emancipada.

Sobre a indissociabilidade da mulher ao elemento selvagem como instrumento de libertação da domesticação, Cleide Rapucci (2011, p. 120) diz:

> A Mulher Selvagem é o Self instintivo inato, a saúde para todas as mulheres. Sem ela, a psicologia feminina não faz sentido. Essa mulher não domesticada é o protótipo de mulher. Ela é o que é, em sua essência ela não muda; é um ser inteiro. Para encontrar a Mulher Selvagem, é necessário que as mulheres se voltem para suas vidas instintivas, sua sabedoria mais profunda.

Ali na área onde ela se encontrava, diante da porta do quarto da empregada, já teria se iniciado o processo de autoconhecimento. Nesse lugar ela veio encontrar a sua instintiva sabedoria profunda. "Também ali poder-se-ia pesquisar urânio e dali poderia jorrar petróleo" (LISPECTOR, 2014, p. 33). Do interior do seu ser emergiria uma potência de existir, combustível para mover com vigor essa transformação em curso.

Naquele contexto de vida superficial, G.H. irá imergir nas profundezas do ser (metaforizadas pelos recursos naturais), fazendo surgir uma outra mulher. Da "falta de sentido" germinará o "sentido"; do nada, ao ser.

De certa forma, os quartos das funcionárias estão sob o domínio destas enquanto estão trabalhando e/ou vivendo nas casas das patroas. Senhoras e servas sabem dos limites territoriais que imperam para cada uma na convivência diária. Em vista disso, G.H tem a liberdade de penetrar no espaço da subalterna apenas após sua partida.

Uma espécie de rito de passagem acontece quando a protagonista entra no cômodo destinado à funcionária. Ela ultrapassa o limiar quando cruza a soleira e a porta que, no caso, é o que Van Gennep (2011) denomina de *zona neutra*, onde ocorre o rito de separação do território pessoal [apartamento de G.H.] para a entrada no território neutro [quarto de Janair]. Seguindo a abordagem dada por Van Gennep (2011), atravessar a soleira significa ingressar em um mundo novo, assim como G.H. o fez.

---

[12] O nome Janair, na tradição indígena, deriva de *Janari*, que significa *sua marca no mundo*. Já na tradição hebraica, deriva de *Janai*, significando *voraz*.

Gennep (2011) propõe a divisão dos ritos em três tipos: os ritos preliminares, que são os ritos de separação do mundo anterior; os ritos liminares, que são os ritos executados durante o estágio de margem; e os ritos pós-liminares, aqueles de agregação ao novo mundo. No contexto do romance, pode-se dizer que o rito preliminar compreende o momento em que a personagem está sentada à mesa, tomando café, preparando a entrada no quarto. O rito liminar, a passagem para o interior do outro cômodo da casa, lugar em que se manifestam as epifanias, o hápax e a tomada de consciência para ganhar maior consistência.

A personagem afirma que sempre gostara de arrumar coisas, supondo ser sua única vocação verdadeira. "Ordenando as coisas, eu crio e entendo ao mesmo tempo" (LISPECTOR, 2014, p. 31). É o que irá ocorrer quando ela adentrar o quarto da ex-funcionária: ela irá se criar, se buscar e se entender, enfrentando o julgamento de si mesma, o reconhecimento de suas falhas e a reflexão sobre sua personalidade marcada pela aparência e pela superficialidade.

Ela supõe que o quarto está sujo e desorganizado, devido à "sua dupla função de dormida e de depósito de trapos, malas velhas, jornais antigos, papéis de embrulho e barbantes inúteis" (LISPECTOR, 2014, p. 32). No entanto, ela se depara com o aposento limpo, organizado, iluminado e vazio.

Nota-se que há um julgamento de classe com relação à empregada. G.H. diz que irá começar a limpeza do apartamento pelo fundo, e que irá "subindo" horizontalmente até o living. Como subir horizontalmente? Há uma relação de subalternidade entre a patroa e a empregada, inclusive uma relação de subalternidade com a noção de espaço: o superior (mesmo não estando acima geometricamente) destinado à patroa; o inferior destinado à empregada, como se fosse a periferia da casa.

Essa relação entre centro-periferia, norte-sul, alto-baixo, colonizador--colonizado, patroa-empregada, inferior-superior, dentre diversos outros, constitui o discurso dominante hierárquico que naturaliza as práticas de subalternidade, seguindo a perspectiva da violência epistêmica trazida por Gayatri Spivak (2010, p. 47).

> O mais claro exemplo disponível de tal violência epistêmica é o projeto remotamente orquestrado, vasto e heterogêneo de se constituir o sujeito colonial como o Outro. Esse projeto é também a obliteração assimétrica do rastro desse Outro em sua precária Subjetividade.

Por sua vez, no caso de Janair, soma-se a essa elaboração coercitiva do *outro* o fato de ela ser mulher. Uma subjetividade precária construída pelo discurso da mulher rica e branca. Desse modo, ela é subalterna por pertencer a determinada classe social submissa à classe dominante, mas também por ser funcionária de uma patroa, uma mulher branca de classe abastada. Dupla subalternidade (social e de gênero), que a própria patroa, mesmo sendo mulher, impõe a Janair.

Spivak (2010) alarga a discussão da subalternidade incluindo o condicionante de gênero como central para que se possam entender os mecanismos de subjugação, sobretudo se forem considerados os fatos de ser mulher e de país do Terceiro Mundo. Segundo ela,

> [...] a construção ideológica de gênero mantém a dominação masculina. Se, no contexto da produção colonial, o sujeito subalterno não tem história e não pode falar, o sujeito feminino está ainda mais profundamente na obscuridade (SPIVAK, 2010, p. 67).

De qualquer maneira a ex-funcionária é julgada. Primeiramente, G.H. presume que o quarto estará desorganizado, como se a empregada fosse incapaz de ordená-lo, ou ainda, como se tivesse que conviver com os "trapos" lá depositados. Em seguida, a patroa reprova Janair por ter feito a limpeza e a arrumação:

> Esperava encontrar escuridões, preparara-me para ter que abrir escancaradamente a janela e limpar com ar fresco o escuro mofado. Não contara é que aquela empregada, sem me dizer nada, tivesse arrumado o quarto à sua maneira, e numa ousadia proprietária o tivesse espoliado de sua função de depósito (LISPECTOR, 2014, p. 35).

Ao se ver numa posição social mais elevada que Janair, G.H., munida de seus privilégios, evidencia que somente a proprietária pode tomar decisões sobre a forma como se ordenam as coisas. Como se a ordem fosse algo que pertencesse única e exclusivamente a uma determinada categoria de pessoas.

A ordem é um mecanismo de dominação na concepção ocidental da mulher branca burguesa. Ao seu modo de ver as coisas, a desordem é o que resta ao subjugado, incapaz de tomar decisões sobre o destino dos eventos.

No caso de Janair, ela é uma subalterna insubmissa, pois corrompe a lógica de dominação imposta pela mulher branca, ao gozar da autonomia das suas decisões.

ESTILHAÇOS DE PAIXÃO E BELEZA: A TOMADA DE CONSCIÊNCIA EM *A PAIXÃO SEGUNDO G.H.* (1964), DE CLARICE LISPECTOR, E *LES BELLES IMAGES* (1966), DE SIMONE DE BEAUVOIR

Ainda dentro do contexto da discussão espacial sobre o quarto, e considerando o discurso paradoxal que permeia todo o texto, nota-se que, logo após depreciá-lo, a personagem protagonista eleva-o a um "nível incomparavelmente acima do próprio apartamento" (LISPECTOR, 2014, p. 36). Ela equipara o quarto a um minarete, evidenciando uma ideia de deslocamento deste, como se o cômodo estivesse à parte do apartamento.

O quarto da empregada, nesse caso, se encontra em uma posição privilegiada ao restante da casa, por estar fora do plano estrutural do prédio, como se estivesse isolado, estranho, e não participante do todo simétrico; disforme, tendo outra dinâmica de ser. Por outro lado, está estandardizado, acima, panóptico, numa posição privilegiada, como um mirante, um observatório, um farol, de onde partem as ordens, os chamados, as convocações, a luz que guia, dá as direções.

Nessa ocasião, G.H. eleva Janair à condição de gestora daquele lar. É quem mantém o equilíbrio, a limpeza e a organização; um outro tipo de poder: a dádiva[13] da subalterna.

A metáfora (do minarete) demarca a mudança da compreensão que a protagonista tinha da empregada, aliada à leitura que aquela tinha da hierarquia da casa com o quarto da funcionária. Processo epifânico que revela um outro olhar sobre o lugar da subalterna.

Diante dessa passagem pelo limiar da antiga para a nova mulher, esse rito de desconstrução e reconstrução de si vai sendo manifestado gradativamente, ocasião que culmina na contestação dos valores herdados e transportados por G.H. Essa passagem é marcada por revelações, epifanias que iluminam ou desmontam a pessoa em marcha para o autoconhecimento e destituição da antiga concepção de mulher, bem como o corpo sente evento de ruptura das amarras, hápax existencial, somados todos ao processo de *prise da conscience*.

---

[13] A dádiva enquanto um fenômeno social foi estudada inicialmente por Marcel Mauss, na obra *Ensaio sobre a dádiva*. Godbout (1998, p. 6), tomando como base esse estudo, define dádiva da seguinte forma: "De modo negativo, entende-se por dádiva tudo o que circula na sociedade que não está ligado nem ao mercado, nem ao Estado (redistribuição), nem à violência física. De modo mais positivo, é o que circula em prol do ou em nome do laço social. Uma primeira característica de um sistema de dádiva consiste no fato de que os agentes sociais buscam se afastar da equivalência de modo deliberado. Isso não significa que a dádiva seja unilateral. Pode sê-lo, mas essa não é uma característica essencial sua. Geralmente, ao contrário, há retribuição, e muitas vezes maior do que a dádiva. Mas a retribuição não é o objetivo. É um equívoco aplicar a ela o modelo linear fins-meios e dizer: ele recebeu depois de ter dado, portanto deu para receber; o objetivo era receber, e a dádiva era um meio. A dádiva não funciona assim. Dá-se, recebe-se muitas vezes mais, mas a relação entre os dois é muito mais complexa e desmonta o modelo linear da racionalidade instrumental".

Elementos paratextuais em *Les belles images*

No que concerne à obra *Les belles images*, serão analisados os elementos paratextuais do livro de pequeno formato, publicado pela editora Gallimard, e da versão brasileira (*As belas imagens*) publicada pela editora Nova Fronteira.

A primeira edição da obra *Les belles images* foi publicada em 1966, pela editora Gallimard. Desde então, foram produzidas cinco edições em francês (dos anos de 1966, 1973, 1980, 2015 e 2017). Em sua maioria, as capas estão marcadas por imagens de mulheres brancas, possivelmente de classe social abastada e sob os padrões de beleza da sociedade urbana do mundo moderno ocidental.

As edições em português são três (1967, 1989 e 2019). Uma primeira edição em português de Portugal, as demais são brasileiras. Também, a imagem estereotipada da mulher branca, de classe privilegiada permanece, como o caso da edição brasileira de 1989. Na edição de 2019, por sua vez, em formato e-book, observa-se a imagem de um busto clássico de manequim, com traços femininos, de cor branca, feito para lojas e vitrines, aludindo à objetificação do corpo feminino e *à* mercadorização sexualizante de sua imagem.

O livro de bolso, da edição de 2015, que traz o texto original, tem, na capa, a fotografia de uma mulher de pé entre duas cadeiras, diante de uma porta aberta, olhando para o horizonte. A porta simboliza a passagem de um universo familiar para um universo inexplorado e, no contexto do romance, a personagem sai de um mundo patriarcal e burguês (do espaço doméstico), o qual ela nunca havia contestado, para adentrar um mundo de reflexões e questionamentos acerca do modo de vida social constituído pelos privilégios de classe e de gênero. A porta tem a capacidade de revelar algo, e essa imagem na capa, de antemão, sugere à leitora e ao leitor que diante da mulher há alguma coisa desconhecida que est*á* por vir, e ela terá de encarar. Ela está de pé, de braços e peitos abertos, características que sugerem a disponibilidade de mergulhar num mundo novo.

A figura demonstra a mulher dentro de casa (espaço privado), contemplando o exterior (espaço público). Em *O segundo sexo*, em diversas ocasiões, Beauvoir (1967, 1970) irá demonstrar o quanto o patriarcado relegou à mulher o espaço privado, funcionando como enclausuramento, limitando o seu acesso ao espaço público, dominado pelos homens, como, por exemplo, quando ela diz que:

> Mas para encontrar um lar em si é preciso primeiramente ter-se realizado em obras ou atos. O homem só se interessa mediocremente pelo seu interior porque ascende ato do universo e pode afirmar-se em projetos. Ao passo que a mulher está encerrada na comunidade conjugal: trata-se para ela de transformar essa prisão em reino. Sua atitude em relação ao lar é comandada por essa mesma dialética que define geralmente sua condição: ela possui tornando-se uma presa, liberta-se abdicando; renunciando ao mundo ela quer conquistar um mundo. Não é sem se lamentar que ela fecha atrás de si as portas do lar; a moça, tinha toda a terra por pátria, as florestas pertenciam-lhe. Agora, acha-se confinada num estreito espaço; a Natureza reduz-se às dimensões de um vaso de gerânios; muros barram o horizonte (BEAUVOIR, 1967, p. 196).

Esse debate, assim como outros ligados às questões e conflitos que apenas as mulheres vivenciam e enfrentam, serão abordados no decorrer da narrativa. Nota-se também, na imagem, que a mulher representa um padrão social, que a postura, as roupas, o cômodo e as características físicas deixam em evidência. Outro aspecto relevante é que a jovem senhora está olhando para o horizonte, como uma pensadora/filósofa que busca romper os véus que cobrem seu olhar. Encontram-se aqui, também, traços da autora do romance.

A mulher ilustrada na capa está posicionada entre duas cadeiras e será lançada em situações de conflitos nos quais ora ela estará entre o marido e o amante, ora entre o pai e a mãe, ora estará entre as várias formas de dominação impostas pelos homens que com ela convivem e o processo de ruptura com as condições de dependência que eles lhe impõem.

Na contracapa da edição de bolso em análise há um importante fragmento da conclusão do romance (que compreende o processo de tomada de consciência) em que Laurence contesta seu marido, Jean-Charles, com relação à dominação que ele exerce sobre ela e sobre a filha Catherine:

> "Não"; ela gritou em voz alta. Catherine não. Não permitirei que façam com ela o que fizeram comigo. O que fizeram de mim? Esta mulher que não ama ninguém, é insensível às belezas do mundo, incapaz até de chorar, esta mulher que eu vomito. Catherine: ao contrário, abrir-lhe os olhos logo e talvez um raio de luz chegue docemente até ela, talvez ela

sobreviva... A quê? A esta noite. À ignorância, à indiferença[14] (BEAUVOIR, 2015, p. 180–181, tradução nossa).

Logo abaixo do fragmento do romance, ainda na contracapa, segue um comentário de Jacques Brenner: "O sucesso é total. Ficamos envolvidos desde a décima ou décima quinta página, e não largamos o livro até o término da leitura"[15] (BEAUVOIR, 2015, contracapa, tradução nossa).

Jacques Brenner (1922–2001) foi jornalista, crítico literário e romancista. A editora **Éditions** de Minuit publicou seu primeiro trabalho, uma trilogia baseada nas suas lembranças de juventude, sob o título *Portes de la vie*. Ele possui uma vasta obra, tendo publicado poemas, romances, ensaios, crônicas, e crítica literária. Nesse contexto, foi autor de *Journal de la vie littéraire* (1965–1966), *Mon histoire de la littérature contemporaine* (1987), e *Les familles littéraires françaises* (1997). Todavia, sua obra-prima é, sem dúvida, seu *Journal*, que, escrito ao longo de meio século, possui mais de 4 mil páginas manuscritas. A partir do final de 2006, os vários volumes foram publicados pela Éditions Fayard. Eles compõem um importante testemunho da vida literária parisiense da segunda metade do século XX.

Ainda segundo a presença de Brenner e seu papel enquanto crítico literário, Isabel Lopes Coelho (2009, p. 20) destaca:

> O historiador de literatura francesa Jacques Brenner dedica atenção especial à segunda metade do século XX, profícua quanto ao surgimento de periódicos voltados à vida literária, a maioria deles surgidos de iniciativas de escritores e associados a editoras, que tomaram fôlego para retomar suas publicações num âmbito mais comercial. A relação entre as revistas e as editoras modificará o cenário intelectual francês, abandonando o modelo do século XIX para finalmente adotar políticas ligadas ao comércio do livro, por exemplo, com o surgimento dos clubes de leituras.

Brenner, enquanto autor e crítico literário, colabora, durante toda sua vida, com a produção, publicação e divulgação da literatura francesa. E a res-

---

[14] "'Non'; elle a crié, tout haut. Pas Catherine. Je ne permettrai pas qu'on lui fasse ce qu'on m'a fait. Qu'a-t-on fait de moi? Cette femme qui n'aime personne, insensible aux beautés du monde, incapabie même de pleurer, cette femme que je vomis. Catherine: au contraire lui ouvrir les yeux tout de suite et peut-être un rayon de lumière filtrera jusqu'à elle, peut-être elle s'en sortira... De quoi? De cette nuit. De l'ignorance, de l'indifférence" (BEAUVOIR, 2015, contracapa e p. 180–181).

[15] "La réussite est complete. On est accroché des la dixieme ou quinzieme page, et on ne lâche plus le livre avant d'en avoir terminé la lecture." Jacques Brenner. Citação localizada na contracapa.

peito da importância dos clubes de leitura para divulgar as obras, ele assevera que "a existência de tais associações mudou as regras de publicação literária tradicional: o sucesso de um livro não depende mais apenas de sua venda por livreiro, mas de sua difusão no circuito de assinantes de tal ou tal clube" (BRENNER, 1982, p. 66).

Retornando aos elementos paratextuais em *Les belles images*, nas terceira e quarta páginas, há um pequeno resumo sobre a vida e a obra de Beauvoir que antecede a dedicatória do romance a Claude Lanzmann (1925–2018). Ele foi um cineasta e jornalista francês, nascido de uma família de origem judia do Leste Europeu. Durante a guerra, ele se engaja com a juventude comunista junto à resistência em Clermont-Ferrand. Com o fim da Segunda Guerra, continua estudando filosofia. Em seguida, torna-se professor em Berlim, e em 1952, retorna à França, onde encontra Beauvoir e Sartre, que o convidam a compor o comitê de redação da revista *Les Temps Modernes*.

Nesse contexto, Lanzmann e Beauvoir começam um relacionamento que irá durar sete anos. No decênio de 1970, estreia no cinema com o documentário *Pourquoi Israël* (1973) e com a monumental obra *Shoah* (1985), com duração de 9 horas e 30 minutos, fruto de doze anos de trabalho. Retoma o tema da questão judaica, desenvolvida no trabalho anterior, com o filme *Tsahal* (1994) e com *Le dernier des injustes* (2013). Em 2017, ele se afasta da questão judaica, e consagra um filme à Coreia do Norte, *Napalm*. Em 2009, publica um livro de memórias: *Le lièvre de Patagonie*, pela editora Gallimard, publicada no Brasil com o título *A lebre da Patagônia*, pela Companhia das Letras. O autor veio à 9ª Feira Literária Internacional de Paraty (Flip), em 2011, para o lançamento do livro. Claude Lanzmann faleceu em 5 de julho de 2018.

Existem algumas correspondências entre a vida e a obra de Beauvoir. No que diz respeito ao cineasta e à autora, no contexto de *Les belles images*, a analogia se dá na relação que Laurence tem com Lucien (seu amante). Beauvoir dedica o romance ao amante pelo qual, segundo Claudine Monteil (2019), em entrevista à BBC, ela tinha muito apreço, assim como pelo escritor americano Nelson Algren, com quem também teve uma relação.

A edição publicada no Brasil foi traduzida por Claude Gomes de Souza, que traduziu também textos literários do português para o francês, como, por exemplo, a coletânea *Nouvelles brésiliennes*, que integra contos de autores como Rubens Figueiredo, Sérgio Sant'Anna e Luis Fernando Verissimo.

A última edição foi, como supracitado, publicada pela editora Nova Fronteira, em 1989. Depois de 30 anos, a obra é relançada na versão digital e inclui um prefácio inédito de Magda Guadalupe dos Santos, que desenvolve pesquisa sobre Beauvoir, filosofia feminista e questão de gênero (edição de 2019).

A tradução brasileira, analisada neste trabalho, diferente do texto original, tem um subtítulo na capa: *Uma mulher questiona seu destino*. O responsável pela capa d'*As belas imagens* foi o designer gráfico Victor Burton. Essa sequência do título fornece à leitora e ao leitor mais pistas daquilo que será abordado ao longo da narrativa do que o próprio título em si, já que ela irá se deparar com a trajetória de uma mulher que, diante da infelicidade e da artificialidade que está por trás dos valores e da moral burguesa tradicional, passa a contestar sua condição de projeto de mulher imposto, primeiramente, pela mãe e pela sociedade parisiense da qual fazem parte e, em seguida, pelo marido.

Na capa dessa edição de 1989, essa personalidade vazia é representada pelo esboço de uma mulher, como se fosse desenhado com carvão vegetal, que simboliza a origem de uma nova mulher. O esboço representa um projeto, um rascunho; portanto Laurence foi constituída como um projeto de mulher. O desenho se repete na contracapa, que, por sua vez, traz a sinopse do romance e os títulos de algumas obras relevantes de Beauvoir.

Existem pontos de aproximação entre essa capa descrita (edição de 1989), a capa da edição de 2015 e a capa do romance *A paixão segundo G.H.*, a edição de 1998. Nessa última, há também a representação de uma mulher branca, proveniente de classe social privilegiada. Na verdade, os dois romances retratam duas mulheres (G.H. e Laurence) como sendo de mesmo grupo étnico e classe social. Nas capas, as duas mulheres expressam semblantes tristes e estão insatisfeitas com a condição imobilista a elas imposta. Também, os traços finos do rosto caucasiano e as linhas leves da representação gráfica (Laurence como esboço a carvão; e G.H. como grafia de lápis arenoso, na tonalidade do deserto) denotam a fragilidade ou impermanência daquela situação-limite que elas suportaram por tanto tempo.

Outro ponto de conexão entre as capas, bem como no que tange à temática central nos dois romances, é que essas mulheres ocupam os espaços privados (Laurence na capa da edição de 2013, e G.H. na capa de 1998), aqueles reservados compulsoriamente pelo patriarcado às mulheres imagens-objeto. As duas protagonistas foram moldadas para representar a imagem sutil, leve e condescendente com a qual a dominação patriarcal as delineia. Assim, o espaço doméstico (Laurence está na sala em frente a uma janela; G.H. está no quarto, ao lado do armário e da cama) é o lugar em que elas obtêm substância para se levantarem contra as amarras e peso que carregavam.

No plano da imaginação, representada implicitamente pelas capas, há outra conexão forte entre as obras: as duas mulheres nas imagens que ilustram os livros estão num exercício de pensamento, reflexão e imaginação de mundos outros. Laurence olha confiante para o horizonte e a imensidão do mundo exterior, o espaço público (edição de 2015), desafiando essas fronteiras que a aprisionavam até então; G.H. imagina um deserto (imensidão do espaço exterior não privado, sem fronteiras), com uma mesquita que mais parece um castelo, possuindo enormes minaretes, paisagem árida, de vento cortante, num fluxo de areia, como miragem de um mundo mágico, livre e desprendido do pesado tédio cotidiano.

Retomando a capa de *As belas imagens*, edição de 1989, um resumo mais elaborado está disposto ao longo das orelhas do livro, que é precedido pela seguinte informação acerca da produção literária da autora:

> Depois do romance *Os Mandarins*, que valeu a Simone de Beauvoir o Prêmio Goncourt, de 1954, a escritora francesa dedicou-se especialmente a livros de memórias e ensaios. Só em 1966, aos 58 anos de idade, voltou à ficção, publicando *As belas imagens* (BEAUVOIR, 1989, orelha).

*É preciso fazer uma consideração a respeito de um detalhe mencionado nes*se fragmento, observando os questionamentos propostos por Luíza Santana Chaves (2014, p. 67): "Existe alguma memória que não seja ficcional? Isto é, que não seja ela mesma uma configuração do imaginário?". E mais adiante, ela assevera que:

> Em todo e qualquer discurso ocorre sempre seleção e combinação [...] de certos elementos para compô-los de forma a configurar-se em discurso e, como todo discurso provém de um sujeito, o processo discursivo será sempre subjetivo e, por isso, relativo. Nesse sentido, o discurso de memória já acarreta a questão de uma ficcionalidade, já que o trabalho de recordação configura-se como o intento de recuperação de um original, que se torna ficção ao ser alterado pela narrativa a cada vez que se tenta resgatá-lo, num jogo interativo e contínuo entre verdade e verossimilhança (CHAVES, 2014, p. 71–72).

Em suma, Beauvoir não parou de produzir ficção por se concentrar na produção de textos memorialísticos, posto que na relação entre *realidade, ima-*

ginário e *ficção*, um integra o outro. Reconstituir, rememorar através do texto também é um ato criativo, também conserva qualidades inerentes à ficção.

Ao discorrer sobre a imparcialidade no processo de criação de *A força das coisas* Beauvoir (2013, p. 10) declara:

> Evidentemente, é preciso entender o que significa minha imparcialidade. Um comunista ou um gaullista contariam de outro modo esses anos; e também um operário, um camponês, um coronel, um músico. Mas minhas opiniões, convicções, perspectivas, interesses, compromissos estão declarados: fazem parte de testemunho que dou a partir deles. Sou objetiva, é claro, à medida que minha objetividade me envolve.

E complementa:

> [...] Contra ela [malevolência] não pretendo precaver-me; ao contrário, este livro tem tudo o que é preciso para suscitá-la, e eu ficaria decepcionada se ele não desagradasse. Ficaria também decepcionada se não agradasse a ninguém, e é por isso que advirto que sua verdade se exprime em nenhuma de suas páginas, mas somente na sua totalidade.

> Apontaram-me em *A força das coisas* muitos erros de pouco significado, e dois ou três sérios; apesar de todos os meus cuidados, também neste livro [*A força das coisas*] certamente terei errado com frequência. Mas repito que nunca trapaceei deliberadamente (BEAUVOIR, 2013, p. 11).

Nota-se, nas palavras de Beauvoir, o reconhecimento do relativismo discursivo no que tange à elaboração das memórias. A objetividade é relativa, assim como a veracidade dos fatos narrados, pois o ato de recordar, de recuperar o que foi vivido se aproxima da ficção quando ele é transformado em texto.

Título: estilhaços de beleza

Como temática primordial, o romance *Les belles images* discute a transvaloração, nos termos nietzschenianos, dos sistemas de crenças e de valores da antiguidade grega, seu arcabouço ocidental de dimensão cultural, seja discutindo os mitos, caso de Electra; ou contestando o princípio estético das imagens estandardizadas dos monumentos e estátuas; como também a construção social e de gênero contidos na ideia de beleza e sua representação objetificada implícita nos regimes de dominação masculina.

ESTILHAÇOS DE PAIXÃO E BELEZA: A TOMADA DE CONSCIÊNCIA EM *A PAIXÃO SEGUNDO G.H.* (1964), DE CLARICE LISPECTOR, E *LES BELLES IMAGES* (1966), DE SIMONE DE BEAUVOIR

Desse modo, o título traz para o debate a vontade de tensionar o significado dos conceitos de belo e de imagem, estes geridos no universo da filosofia antiga greco-romana.

Quando Laurence diz que, por conta da opressão sofrida por longos anos daqueles que a envolviam, ela não era mais capaz de reconhecer a beleza, "Essa mulher que não gosta de ninguém, insensível às belezas do mundo, incapaz até de chorar [...]" (BEAUVOIR, 1989, p. 139), e que se transformara em uma mulher fria e austera, ela apresenta particular noção de beleza no romance. Diante dessa insensibilidade, perde o sentimento de contemplação do belo, conseguindo ver apenas o automático e o mecânico, jogos de imagens mediadas pela coisificação. Nessa perspectiva, ela não mais seria capaz de reconhecer as belas imagens contidas na simplicidade, espontaneidade e naturalidade das coisas, vendo-as somente por meio do jogo difuso de imagens artificializadas e mercadorizadas.

Segundo a tradição filosófica, a ideia de belo manifesta-se por cinco modelos fundamentais: "1º o belo como manifestação do bem; 2º o belo como manifestação do verdadeiro; 3º o belo como simetria; 4º o belo como perfeição sensível; 5º o belo como perfeição expressiva" (ABBAGNANO, 2000, p. 106). Para Platão, a beleza é a mais alta expressão do bem, na qual o amor é o ponto de partida para a contemplação das substâncias ideais. Diferentemente, em Aristóteles, a beleza se manifesta pela simetria, o rigor da forma, pela ordem estética. Porém, no estudo da estética clássica alemã o belo é a manifestação da perfeição sensível, uma representação perfeita da sensibilidade, e o prazer é o mote da beleza.

Já no que se refere ao conceito de imagem, na tradição filosófica antiga e mesmo moderna o termo é usado como sensação ou percepção, vista por quem a recebe. Segundo Abbagnano (2000, p. 537), a filosofia entende imagem como "Semelhança ou sinal das coisas, que pode conservar-se independentemente das coisas. Aristóteles dizia que as imagens são como as coisas sensíveis, só que não têm matéria". Podem ser produto da imaginação ou sensação do perceptível.

Ao longo do romance são representadas belas imagens expressivas, percebidas pela protagonista diante de seu cotidiano de classe, da viagem que faz à Grécia e dos monumentos clássicos que observa. Todas essas epifanias causam profunda contestação dessa lógica simétrica e organizada dos fatos determinados, levando-a à profunda ruptura com todo esse modelo por ela herdado. Assim, diante de imagens epifânicas, principalmente de uma menina dançando em meio à multidão, essa bela imagem fez com que essa mulher pudesse estilhaçar todas as sedimentadas noções de beleza e imagens que ela carregava. Graças a essa imagem como imaginação perceptível do sensível, ela acessou o belo enquanto o bem gratuito e a contemplação do prazer, negando o que havia sido imposto como verdadeiro e simétrico diante daquela dança livre da criança. Assim, tornou-se possível acessar o belo como perfeição expressiva do sensível, mas não como perfeição da ordem estética, e sim como estética imperfeita do prazer libertado.

Para Beauvoir (1967), a ideia de beleza na mulher é construída pelo patriarcado quando este a coloca numa condição de objeto de desejo sexual, uma imagem reprodutiva de seu imaginário feminino. A jovem, submetida bem cedo a esse formato de dominação, tem que compulsoriamente apreender seu novo ser dentro desse aspecto sexualizado de objetificação:

> Para a jovem, a transcendência erótica consiste em aprender a se tornar presa. Ela torna-se um objeto; e apreende-se como objeto; é com surpresa que descobre esse novo aspecto de seu ser: parece-lhe que se desdobra. Ao invés de coincidir exatamente consigo, ei-la que começa a existir fora (BEAUVOIR, 1967, p. 75).

Com o casamento e todas as repressões do corpo constitutivas dessa instituição e os papéis adotados por ela mesma na família e na sociedade, essa mulher passa a reprimir seus desejos em virtude das imagens simétricas e artificiais que a rodeiam, as obrigações do espaço doméstico, os objetos, joias e padrões morais e de beleza impostos.

> Graças aos veludos, às sedas, às porcelanas de que se cerca, a mulher poderá satisfazer parcialmente essa sensualidade preensiva que ordinariamente sua vida erótica não satisfaz; encontrará também nesse cenário uma expressão de sua personalidade; foi ela quem escolheu, fabricou, "descobriu" **móveis e bibelôs, quem os arrumou segundo uma estética em que a preocupação da simetria ocupa em geral lugar importante; devolvem-lhe sua imagem singular, dando socialmente testemunho de seu padrão de vida (BEAUVOIR, 1967, p. 197).**

Laurence vai estilhaçar todo esse universo de imagens e beleza, suplantar essas estruturas e esse ciclo que estende de sua mãe, passando para ela e chegando até a sua filha.

Em se tratando do título deste trabalho — *Estilhaços de paixão e de beleza* — e como ponto de comparação entre Laurence e G.H., a primeira sucumbe diante do sentido de beleza objetificada; e a segunda, diante da paixão como via-crúcis. As duas buscam, na tomada de consciência, alternativas para superar esse processo de dominação, tendo sentido no corpo o hápax existencial que as levanta contra essas estruturas opressivas. Nos dois romances ocorre o movimento de ruptura, representado pelos estilhaços de paixão e de beleza. Esses conceitos androcêntricos e civilizatórios converteram-se em mecanismos discursivos impostos pela sociedade patriarcal para dominar corpos e mentes de mulheres.

Essa sociedade estabelece enquanto doxa o pensamento fragmentário. A fragmentação (estilhaços) caracteriza a sociedade moderna urbano-industrial do período vivido pelas personagens protagonistas dos romances em questão. Dessa forma, há uma duplicidade dialética na reflexão acerca do tema estilhaços.

Num primeiro momento, essa duplicidade se manifesta como modelo imposto de construção do sujeito, de gênero e de classe, sob os termos paixão e beleza. Essas mulheres, ao tomarem consciência do significado implícito desses conceitos universais coercitivos, abandonaram suas noções genéricas, lançando-os contra as paredes que as cercavam, estilhaçando-os, fraturando as barreiras protetoras, quebrando a universalidade dominante inerente a eles.

Por outro lado, essa imposição universalizante faz parte do projeto fragmentário da consciência opressiva de gênero e de classe, em que, ao buscar a padronização dos corpos, dos desejos e dos sujeitos, apresenta uma realidade em pedaços, desconexa, desarticulada, uma percepção ideológica da realidade, imagética, fora do conjunto da complexidade cotidiana, uma cosmovisão particular do ser e do todo; uma realidade fragmentada, estilhaçada.

Elementos da narrativa em *Les belles images*

Para melhor compreender como se configura o romance *Les belles images*, serão analisadas as estratégias narrativas utilizadas para a sua elaboração. Christina Angelfors (1991) se dedica a demonstrar o processo de transição da escrita literária que Beauvoir se colocou a fazer diante das novas teorias do *Nouveau Roman*:

> Em entrevista dada a Francis Jeason, em 1966, Simone de Beauvoir reconhece que as teorias do Nouveau Roman a obrigaram a questionar sua concepção de obra literária. Por-

tanto, não é de surpreender que a solução encontrada para certos problemas técnicos carregue a marca da "escola do olhar". A principal dificuldade para resolver, disse ela, era "mostrar" esse universo sem intervir, já que ninguém podia falar em seu nome, fazer seu "discurso" ser ouvido: "Nos meus romances anteriores, o ponto de vista de cada personagem foi explicado com clareza e o significado do trabalho emergiu de seu confronto. Neste, era uma questão de fazer o silêncio falar. O problema era novo para mim" (ANGELFORS, 1991, p. 131, tradução nossa).[16]

O que Beauvoir pretendia com a criação de *Les belles images*, em se tratando do novo modo de narrar, era fazer com que a leitora e o leitor abandonassem a ideia de que é um narrador quem narra os eventos. E, partindo da renovação proposta pelo Nouveau Roman, a autora pretendia que a narrativa se mostrasse por si só. No caso da obra em análise, nota-se que há um compartilhamento da voz narrativa entre a primeira e a terceira pessoa, como se pode verificar no seguinte trecho em que o discurso de Laurence se intercala com aquele do narrador:

> Laurence se debruça sobre as dálias; essa linguagem a constrange. É claro, ele tem alguma coisa que os outros não têm, que eu não tenho (mas o que eles têm que eu tampouco tenho?). Cor-de-rosa, vermelhas, amarelas, alaranjadas, ela aperta nas suas mãos as dálias magníficas[17] (BEAUVOIR, 1989, p. 12, grifo nosso).

Com relação a essa posição narrativa em que há uma combinação de duas vozes, Genette (1995, p. 243) sustenta que

> A escolha do romancista não é feita entre duas formas gramaticais, mas entre duas atitudes narrativas (de que as formas gramaticais são apenas uma consequência mecânica): fazer contar a história por uma das personagens, ou por um narra-

---

[16] "Dans un entretien avec Francis Jeason datant de 1966, Simone de Beauvoir reconnaît que les théories du Nouveau Roman l'ont obligée à une remise en question de sa conception de l'oeuvre littéraire. Il n'y a donc rien d'étonnant à ce que la sollution qu'elle a trouvée à certains problèmes techniques porte la marque de 'l'école du regard'. La principale difficulté à resoudre, dit-elle, était de 'donner à voir' cet univers sans intervenir elle-même, étant donné que personne ne pouvait parler en son nom, de faire entendre son 'discours': 'Dans mês précédents romans, le point de vue de chaque personnage était nettement explicite et le sens de l'ouvrage se dégageait de leur confrontations. Dans celui-ci, il s'agissait de faire parler le silence. Le problème était neuf pour moi'" (ANGELFORS, 1991, p. 131).

[17] "Laurence se penche sûr les dahlias; ce langage la gêne. Bien sur, il a quelque chose que les autres n'ont pas, que je n'ai pas (mais qu'ont-ils que je n'ai pas no'n plus?). Roses, rouges, jaunes, orangés, elle serre dans sa main les dahlias magnifiques" (BEAUVOIR, 2015, p. 14).

dor estranho a essa história. A presença de verbos na primeira pessoa num texto narrativo pode, pois, reenviar para duas situações muito diferentes, que a gramática confunde mas a análise narrativa deve distinguir.

Ainda conforme Genette (1995), em se tratando de nível narrativo a que Laurence pertence, e utilizando a terminologia do autor, a personagem-narradora exerce o papel de narrador autodiegético; e quanto à sua posição em relação ao nível narrativo, desempenha o papel de narrador intradiegético.

Essa estrutura narrativa de configuração binária usufrui de várias combinações que levam a perceber o alto grau de complexidade da construção do discurso narrativo. No que diz respeito ao modo de narrar em *Les belles images*, Angelfors (1991) elenca três formas de organização do discurso em que há a fusão da fala de Laurence com a do narrador extradiegético-heterodiegético. Na primeira delas, é possível reconhecer a voz de um narrador objetivo em algumas passagens, lembrando as indicações de um cenário, como se pode observar no trecho a seguir:

> Laurence se levanta, sorri para a mãe:
>
> — Posso roubar-lhe algumas dálias?
>
> — Claro.
>
> Marthe levantou-se também; ela se afasta com a irmã:
>
> — Você viu papai na quarta-feira? Como está ele?[18] (BEAUVOIR, 1989, p. 12).

A outra forma de organização do discurso ocorre quando o narrador se manifesta em pequenos trechos na narrativa, entre os diálogos:

> Laurence acomoda as meninas na parte traseira do carro, tranca as portas, senta-se ao lado de Jean-Charles e eles saem correndo pela estradinha atrás da DS de Dufrène[19] (BEAUVOIR, 1989, p. 15).

---

[18] "Laurence se lève; elle sourit à sa mère:
— Je peux te voler quelques dahlias?
— Bien sûr.
Marthe s'est levée aussi; elle s'éloigne avec sa soeur:
— Tu as vu papa mercredi? Comment va-t-il?" (BEAUVOIR, 2015, p. 14).

[19] "Laurence installe les petites au fond de la voiture, portières verrouillées, elle s'assied à côté de Jean Charles, et ils filent sur la petite route derrière la DS de Dufrène" (BEAUVOIR, 2015, p. 18).

A porta abre. [...] Na penumbra percebe-se um vaso virado no chão, tulipas espalhadas, uma poça d'água no carpete[20] (BEAUVOIR, 1989, p. 96).

A terceira forma se refere ao que ocorre em grande parte do romance, isto é, quando o narrador heterodiegético constitui o que se poderia chamar de discurso interior de Laurence, um discurso que se coloca como o essencial do texto:

O que posso fazer por ela [Dominique]? Nada. É tão raro a gente poder fazer alguma coisa por alguém... Por Catherine, sim. Portanto, tenho que fazê-lo. Saber responder às suas perguntas e até antecedê-las. Fazê-la descobrir a realidade sem assustá-la. Para isso devo me informar primeiro. Jean-Charles reclama que me interesso pelo meu século; pedir que ele me indique livros; obrigar-me a lê-los. Não é novidade esse projeto. Periodicamente, Laurence toma resoluções, mas — por que razões exatamente? — sem ter realmente intenção de cumpri-las. Desta vez é diferente. Trata-se de Catherine. Não se perdoaria se faltasse com ela[21] (BEAUVOIR, 1989, p. 47, grifo nosso).

Me parecia não ter mais futuro: Jean-Charles, as meninas, eles sim tinham; eu não. Então, para que me cultivar? Círculo vicioso: me desleixava, me entediava e me sentia cada vez mais sem a posse de mim mesma. (E, claro, sua depressão tinha causas mais profundas, mas não precisou de um psicanalista para se salvar: abraçou uma profissão que a interessou. Recuperou-se.) E agora? O problema é outro: falta-me tempo; as ideias que devo encontrar, os *slogans* que devo redigir se tornam uma obsessão[22] (BEAUVOIR, 1989, p. 34, grifo nosso).

---

[20] "La porte s' ouvre. [...] Dans la pénombre on aperçoit par terre un vase renversé, des tulipes éparpillées, une flaque d'eau sur la moquette" (BEAUVOIR, 2015, p. 123).

[21] "Que puis-je pour elle? Rien. C'est si rare qu'on puisse quelque chose Pour quelqu'um... Pour Catherine, oui. Alors, le faire. Savoir répondre à ses questions et même les devancer. Lui faire découvrir la réalité sans l'effrayer. Pour ça je dois d'abord m'informer. Jean-Charles me reproche de me désintéresser de mon siècle; lui demander de m'indiquer des livres; m'obliger à les lire. Ce n'est pas neuf ce projet. Périodiquement Laurence prend des résolutions, mais — pour quelles raisons au juste? — sans avoir vraiment l'intention de les tenir. Cette fois c'est différent. Il s'agit de Catherine. Elle ne se pardonnerait pas de lui faire défaut" (BEAUVOIR, 2015, p. 58).

[22] "Il me semblait n'avoir plus d'avenir: Jean-Charles, les petites en avaient un; moi pas; alors à quoi bon me cultiver? Cercle vicieux: je me négligeais, je m'ennuyais et je me sentais de plus en plus dépossédée de moi. (Et, bien sur, sa dépression avait des causes plus profondes, mais elle n'a pas eu besoin d'une psychanalyse pour s'en sortir; elle a pris un métier qui l'a intéressée; elle s'est récupérée.) Et maintenant? Le problème est autre: le temps me manque; les idées à trouver, les slogans à rédiger tournent à l'obsession" (BEAUVOIR, 2015, p. 43).

ESTILHAÇOS DE PAIXÃO E BELEZA: A TOMADA DE CONSCIÊNCIA EM *A PAIXÃO SEGUNDO G.H.* (1964), DE CLARICE LISPECTOR, E *LES BELLES IMAGES* (1966), DE SIMONE DE BEAUVOIR

Tal como se pode notar no fragmento anterior em que a fala do narrador está entre parênteses, é possível observar também, ao longo do texto, que o discurso de Laurence também se apresenta dessa forma. A título de ilustração, seguem os exemplos:

> No jardim, Jean-Charles debruça-se na poltrona de Gisèle: um leve flerte que agrada aos dois (e a Dufrène também, eu creio), dão-se a impressão mútua de que poderiam viver a aventura que não desejam, nem um nem outro. (E se por acaso a vivessem? Acho que pouco me importaria. Pode então haver amor sem ciúme)[23] (BEAUVOIR, 1989, p. 15, grifo nosso).

> (É verdade, ou a profissão é que me deforma?) Laurence está acabando de redigir o seu texto. Finalmente ela escolhe a jovem mulher em trajes vaporosos. Fecha o escritório, entra no carro, enquanto calça as luvas e troca de sapatos, uma alegria desponta dentro dela[24] (BEAUVOIR, 1989, p. 27, grifo nosso).

Conforme Angelfors (1991, p. 133, tradução nossa) analisa,

> [...] o aspecto mais marcante nas passagens que nos revelam os pensamentos, a vida interior de Laurence, é sem dúvida a facilidade com que ocorre a transição de uma sentença.[25]

Por exemplo, citando novamente trechos do romance: "Ela se cansou muito, por isso agora se sente deprimida, sou cíclica" (BEAUVOIR, 1989, p. 8, grifo nosso). "Não devo me preocupar; há dias assim, em que a gente levanta com o pé esquerdo, em que nada dá prazer! ela deveria estar acostumada"[26] (BEAUVOIR, 1989, p. 16, grifo nosso). Nessas construções, "ela" pertence à voz do narrador, mas a forma como os enunciados se configuram com o uso dessa técnica de combinação das duas vozes dá ao discurso o caráter unitário, como se ele pertencesse integralmente a Laurence.

---

[23] "Dans le jardin, Jean-Charles est penché sur le fauteuil de Gisèle: un menu flirt qui les flatte tous les deux (et Dufrène aussi, je crois), ils se donnent l'impression qu'ils pourraient avoir l'aventure qu'ils ne souhaitent ni l'un ni l'autre. (Et si par hasard Ils l'avaient? Je crois que ça me serait égal. Il peut donc y avoir de l'amour sans jalousie?)" (BEAUVOIR, 2015, p. 17).

[24] "(Est-ce vrai, ou est-ce que le métier me déforme?) Elle achève de rédiger son texte. Finalement elle choisit la jeune femme en déshabillé vaporeux. Elle ferme le bureau, monte dans sa voiture; pendant qu'elle enfile ses gants et change de souliers, une gaieté se lève en elle" (BEAUVOIR, 2015, p. 33).

[25] "L'aspect le plus frappant dans les passages qui nous révèlent les pensées, la vie intérieure de Laurence, et sans doute la facilité avec laquelle s'opère le passage" (ANGELFORS, 1991, p. 133).

[26] "Elle s'est beaucoup dépensée, c'est pour ça que maintenant elle se sent déprimée, je suis cyclique" (BEAUVOIR, 2015, p. 8). "Oh! il ne faut pas s'inquiéter; il y a des jours comme ça ou on se lève du mauvais pied où on ne prend plaisir à rien!" (BEAUVOIR, 2015, p. 19).

A respeito dessa temática, Roland Barthes (2011, p. 50–51) aponta que

> A narrativa propriamente dita (ou código do narrador) só conhece, como também a língua, dois sistemas de signos: pessoal e apessoal; estes dois sistemas não beneficiam forçosamente marcas linguísticas ligadas à pessoa (*eu*) e à não pessoa (*ele*); pode haver, por exemplo, narrativas, ou pelo menos, episódios escritos na terceira pessoa e cuja instância verdadeira é, entretanto, a primeira pessoa. Como decidir isto? É suficiente *reescrever* a narrativa (ou a passagem) do *ele* para *eu*: enquanto esta operação não atrai nenhuma outra alteração do discurso a não ser a própria troca dos pronomes gramaticais, é certo que se permanece em um sistema de pessoa.

Os fragmentos do romance exemplificados anteriormente, escritos na terceira pessoa, são de fato expressos por Laurence; "para que a instância mude é necessário que o *rewriting* torne-se impossível" (BARTHES, 2011, p. 51). Dessa forma, os enunciados supracitados: "ela se cansou muito, por isso agora se sente deprimida" e "ela deveria estar acostumada" são perfeitamente pessoais, a despeito de *ela* ("eu me cansei muito, por isso agora me sinto deprimida" e "eu deveria estar acostumada").

Ainda conforme os dois sistemas de signos da narrativa analisados por Barthes (2011, p. 51), este assegura que

> A instância pessoal (sob forma mais ou menos disfarçada) invadiu pouco a pouco a narrativa, a narração estando relacionada ao *hic et nunc* da locução (é a definição do sistema pessoal); também vê-se hoje em dia muitas narrativas, e das mais correntes, misturar a um ritmo extremamente rápido, frequentemente nos limites de uma mesma frase, o pessoal e o apessoal.

Nesse caso, essa abordagem teórica fundamenta os exemplos anteriormente citados do romance em análise. É relevante mencionar que a técnica de narrar adotada coloca Laurence no papel de "sujeito" num "universo de objetos". Para Angelfors (1991, p. 134, tradução nossa), "Laurence se apresenta como um sujeito singularmente 'mudo'. Ela 'se exprime' principalmente por um discurso interior, que por definição é excluído de qualquer comunicação".[27]

---

[27] "Laurence se présente comme un sujet singulièrement 'muet'. Elle 's'exprime' principalement par un discours intérieur, qui par définition est exclu de toute communication" (ANGELFORS, 1991, p. 134).

ESTILHAÇOS DE PAIXÃO E BELEZA: A TOMADA DE CONSCIÊNCIA EM *A PAIXÃO SEGUNDO G.H.* (1964), DE
CLARICE LISPECTOR, E *LES BELLES IMAGES* (1966), DE SIMONE DE BEAUVOIR

O narrador onisciente surge como a consciência da protagonista. Porém, novamente segundo Angelfors (1991, p. 135–136), eu/ela representam consciências divididas,

> [...] uma separação entre o sujeito e ela mesma, "ela" designando a parte alienada do eu, do próprio fato [...]. "Ela" não tem voz própria, a não pessoa não pode se fazer "ouvir". O discurso na terceira pessoa representa, por assim dizer, um discurso relegado ao segundo plano da consciência da personagem. É o sufocamento desta "voz" que [...] constitui o pano de fundo da problemática de Laurence.[28] (tradução nossa).

No que diz respeito à *personagem de ficção*, Anatol Rosenfeld (1976, p. 14) menciona que é "a personagem que com mais nitidez torna patente a ficção, e através dela a camada imaginária se adensa e se cristaliza".

É através dos olhos de Laurence que se pode compreender todo o universo romanesco, incluindo a configuração das personagens que o integram. Num contexto de destaque no romance, pode-se incluir Dominique Langois (mãe de Laurence), Jean-Charles (marido), Louise e Catherine (filhas), pai de Laurence (um intelectual que evita convívio social, cujo nome não é mencionado). O pai é um homem recluso, de quem ela diz não saber tanto como queria. A não informação do nome é um recurso utilizado para dar a ideia de que ele tem uma personalidade excêntrica (considerando o modo de vida burguês padronizado no qual as demais personagens estão inseridas), pois se sabe o nome de todos, somente o dele não é informado. Há ainda as personagens Lucien (amante e colega de trabalho de Laurence na agência publicitária Publinf), Gilbert Mortier (marido de Dominique, milionário), Marthe (irmã de Laurence, religiosa), Mona (colega de trabalho de Laurence na Publinf), Gisèle e Dufrène (amigos da família), os Thirions (amigos da família), Goya (secretária do lar da casa de Laurence), Vergne (colega de Jean-Charles, diretor da empresa), Marie-Claire (esposa de Gilbert que recusa o divórcio), Patricia (filha jovem de Lucile de Saint-Chamont, por quem Gilbert se apaixona), Lucile de Saint-Chamont (antiga amante de Gilbert, mãe de Patricia), Serge (sobrinho do pai de Laurence que procura um emprego), Senhorita Houchet (professora durante a infância de Laurence, que aparece nos seus pensamentos).

---

[28] "[...] une séparation entre le sujet et lui-même, 'elle' désignant la partie aliénée du moi, du fait même [...]. 'Elle' n'a pas de voix propre, la *non-personne* ne peut se faire 'entendre'. Le discours à la troisième personne représente, si on peut dire, un discours relégué au second plan de la conscience du personnage. C'est l'étouffement de cette 'voix' qui, [...], constitue l'arrière-fond de la problématique de Laurence" (ANGELFORS, 1991, p. 135–136).

Cada uma das personagens do romance tem a intenção de manter as aparências e de se autoafirmar, projetando uma boa imagem de si mesma. É importante observar que as personagens

> [...] como seres humanos encontram-se integrados num denso tecido de valores de ordem cognoscitiva, religiosa, moral, político-social e tomam determinadas atitudes em face desses valores. Muitas vezes debatem-se com a necessidade de decidir-se em face da colisão de valores, passam por terríveis conflitos e enfrentam situações-limite em que se revelam aspectos essenciais da vida humana: aspectos trágicos, sublimes, demoníacos, grotescos ou luminosos. Estes aspectos profundos, muitas vezes de ordem metafísica, incomunicáveis em toda a sua plenitude através do conceito, revelam-se, como num momento de iluminação, na plena concreção do ser humano individual (ROSENFELD, 1976, p. 35).

Conforme a compreensão de Rosenfeld (1976) sobre o papel da personagem na obra de arte literária, e a análise do romance em questão, serão discutidos mais à frente, num primeiro plano, os conflitos de Laurence diante dos valores opressivos da classe burguesa e do patriarcado, chegando num estado de aflição, em que questiona a si mesma e aos outros (inclusive o marido), até chegar numa situação na qual precisa ter coragem de romper com os limites impostos por Jean-Charles a ela e às filhas. Num segundo plano, considerando o movimento problematizador do Existencialismo, serão debatidas questões sobre os fundamentos dessa escola filosófica que atravessa a obra de Beauvoir.

Ainda nesse contexto de discussão sobre os elementos da narrativa, faz-se interessante pensar nas contribuições acerca da topoanálise para compreender um pouco mais sobre as peculiaridades do romance.

Para interpretar o espaço, a princípio, pensando em macroespaço e microespaço, destacam-se Paris e Grécia como pertencentes ao primeiro. E como o segundo, tem-se alguns cenários: o sítio de Gilbert, os apartamentos de Laurence, de Dominique, e a agência publicitária Publinf, por exemplo. Porém, "na perspectiva da topoanálise, o ambiente se define como a soma de cenário ou natureza mais a impregnação de um clima psicológico" (BORGES FILHO, 2008, p. 5). Nesse caso, os cenários em que ocorrem os fenômenos da epifania e hápax existencial são considerados ambientes, em virtude do grau de complexidade que se desenvolve nos espaços (como no quarto de

ESTILHAÇOS DE PAIXÃO E BELEZA: A TOMADA DE CONSCIÊNCIA EM *A PAIXÃO SEGUNDO G.H.* (1964), DE CLARICE LISPECTOR, E *LES BELLES IMAGES* (1966), DE SIMONE DE BEAUVOIR

Laurence, por exemplo), devido aos processos psicológicos pelos quais a personagem passa.

Les belles images inaugura uma mudança evidente na obra de Beauvoir, na medida em que ela se apropria de alguns processos do *Nouveau Roman*, como, por exemplo, a concepção simbólica do espaço.

Em seu livro *Pour un nouveau roman*, Alain Robbe-Grillet (1963, p. 133) observa:

> [...] na narrativa moderna, o tempo parece estar separado de sua temporalidade. Já não flui. Ele não está realizando nada. E é, sem dúvida, isso que explica essa decepção que segue a leitura de um livro de hoje, ou a representação de um filme. por mais que houvesse algo satisfatório em um "destino", mesmo trágico, tanto a mais bela das obras contemporâneas nos deixa vazios, desconcertados. não apenas fingem não ter outra realidade senão a da leitura ou do espetáculo, mas também parecem sempre estar se desafiando, a se questionar enquanto se constroem. Aqui o espaço destrói o tempo, e o tempo sabota o espaço. A descrição atropela, se contradiz, gira em círculos. O instante nega a continuidade.[29] (tradução nossa).

Françoise Arnaud Hibbs (1989), no seu livro intitulado *L'espace dans les romans de Simone de Beauvoir: son expression et sa fonction*, investiga o modo como a romancista se dedica ao espaço na elaboração de seus romances, destacando que um mesmo lugar será objeto de várias descrições e que sua realidade só aparecerá ao leitor como uma série de possibilidades. Ele sugere que o espaço nas narrativas beauvoirianas constituem o que ela chama de *dialética do círculo e da linha*, argumentando que as personagens ora abrem o círculo luminoso da consciência, ora se deparam com a ameaça do vazio através da ação, tida aqui como um movimento linear. Portando, "a dialética do círculo e da linha traduzem o confronto permanente entre fechamento

---

[29] "[...] dans le récit moderne, on dirait que le temps se trouve coupé de sa temporalité. Il ne coule plus. Il n'accomplit plus rien. Et c'est sans doute ce qui explique cette déception qui suit la lecture d'un livre d'aujourd'hui, ou la représentation d'un film. Autant il y avait quelque chose de satisfaisant dans un 'destin', même tragique, autant les plus belles des oeuvres contemporaines nous laissent vides, décontenancés. Non seulement elles ne pretendente à aucune autre réalité que celle de la lecture, ou du spectacle, mais encore elles semblent toujours en train de se contester, de se mettre en doute elles-mêmes à mesure qu'elles se construisent. Ici l'espace détruit le temps, et le temps sabote l'espace. La description piétine, se contredit, tourne en rond. L'instant nie la continuité" (ROBBE-GRILLET, 1963, p. 133).

e abertura, passividade e ação, limites e liberdade"[30] (HIBBS, 1988, p. 110, tradução nossa).

O texto debate a dissolução da moral burguesa, os questionamentos das ilusões comuns sobre a existência, o fascínio ou a repulsa pelo corpo, a busca da verdade, os medos. Pensando no significado da *dialética do círculo e da linha* na obra de Beauvoir, o espaço é essencial, pois é nele que se revelam os estados da alma.

Nesse contexto, pode-se retomar como exemplo de fechamento e passividade este episódio da narrativa que se passa em Feuverolles, propriedade rural de Gilbert:

> Faz frio, o tempo está nublado, as flores morreram; mas as janelas brilham na noite, um grande fogo de lenha ergue as suas chamas na sala de estar; pouca gente, mas escolhida a dedo: os Dufrène, Gilbert, Thirion e a mulher; Laurence o conheceu pequenininha ainda, era colega do seu pai; tornou-se o advogado mais famoso da França. Consequentemente, Marthe e Hubert não foram convidados. Não têm a boa apresentação. Sorrisos, apertos de mão[31] (BEAUVOIR, 1989, p. 69).

O cenário do fragmento anterior mostra claramente os valores superficiais do meio social no qual Laurence se insere, determinado por alienação e vaidade extrema, onde não existem relações genuínas. Laurence passa por conflitos que a levam a questionar todos os padrões que determinam a sua classe. Para Nicolas-Pierre (2013, p. 375, tradução nossa),

> [...] ela está procurando uma verdade que possa lhe dar uma identidade substancial. Contra os valores de seu meio que lhe parecem insignificantes, superficiais, ela parece estar procurando outros valores sobre os quais irá construir uma existência mais autêntica. "Por que eles têm tanto prazer em destruir um ao outro?" Ela se pergunta: Laurence não entende

---

[30] "[...] la dialectique du cercle et de la ligne traduit la confrontation permanent entre fermeture et ouverture, passivité et action, limites et liberté."

[31] "Il fait froid et gris, les fleurs sont mortes; mais les fenêtres brillent dans la nuit, un grand feu de bois flambe dans la salle de séjour; peu de monde, mais de premier choix: les Dufrène, Gilbert, Thirion et sa femme; Laurence l'a connu toute petite, c'était un collègue de son père; il est devenu l'avocat le plus célèbre de France. Du coup Marthe et Hubert n'ont pas été invités. Ils présentent mal. Sourires, poignées de main" (BEAUVOIR, 2015, p. 87).

mais o senso da competição, indispensável para o sucesso social de um indivíduo.[32]

A personagem se angustia, pois está no processo de construção de si, e esse movimento de substancialização do sujeito se dá, em Beauvoir, de forma circular. No seguinte trecho, essa ideia de circularidade fica evidente:

> Lembro-me de um filme de Buñuel; ninguém dentre nós havia gostado dele. No entanto desde algum tempo esse filme me persegue. Fechadas dentro de um círculo mágico, as pessoas repetiam por acaso um momento de seu passado; reatavam o fio da meada e evitavam a armadilha na qual, sem saber, haviam caído. (É verdade que pouco depois tornavam a cair outra vez.) Eu também queria voltar atrás, enganar as emboscadas, ter sucesso onde fracassei. Onde fracassei? Nem sei. Não tenho palavras para me queixar ou ficar sentida. Mas esse nó na garganta me impede de comer.
>
> Vamos recomeçar. Tenho todo o tempo. Puxei as cortinas. Deitada, os olhos fechados, recapitularei essa viagem imagem por imagem, palavra por palavra (BEAUVOIR, 1989, p. 119).[33]

A autora inicia o quarto capítulo fazendo uma alusão a Buñuel, especificamente a um filme cujo título ela não menciona. O recurso da alusão demonstra um procedimento de identificação com o artista aludido e, no caso, a obra do realizador-artista em destaque apresenta conflito com a tradição narrativa. O cinema surrealista (do qual Buñuel faz parte) é uma ruptura com o cinema clássico, assim como o *Nouveau Roman* (movimento de cujos procedimentos estilísticos Beauvoir se utiliza, como já mencionado, para elaborar *Les belles images*) rompe com o romance tradicional; ademais há um forte elemento de convergência entre as obras de Buñuel e de Beauvoir no que tange à necessidade de reagir à burguesia e suas conveniências.

---

[32] "[…] elle est à la recherche d'une vérité qui puisse lui redonner une identité substantielle. Contre les valeurs de son milieu qui lui paraissent insignifiantes, superficielles, elle semble chercher d'autres valeurs sur lesquelles construire une existence plus authentique. 'Pourquoi prennent-ils tant de plaisir à se mettre en pièces les uns les autres?' se demande-t-elle: Laurence ne comprend plus le sens de la compétition, indispensable à la réussite sociale d'un individu" (NICOLAS-PIERRE, 2013, p. 375).

[33] "Je me souviens d'un film de Buñuel; aucun de nous ne l'avait aimé. Et pourtant depuis quelque temps il m'obsède. Enfermés dans un cercle magique, des gens répétaient par hasard un moment de leur passé; ils renouaient le fil du temps et évitaient le piège ou, sans le savoir, ils étaient tombés. (Il est vrai que peu après ils y étaient repris.) Je voudrais moi aussi revenir en arrière, déjouer les embûches, réussir ce que j'ai manqué. Qu'ai-je manqué? Je ne le sais même pas. Je n'ai pas de mots pour me plaindre ou pour regretter. Mais ce noeud dans ma gorge m'empêche de manger.
Recommençons. J'ai tout mon temps. J'ai tiré les rideaux. Couchée, les yeux fermés, je récapitulerai ce voyage image par image, mot par mot" (BEAUVOIR, 2015, p. 153).

Como observa Laurence, ninguém do seu meio havia gostado do filme, porém, havia algum tempo, ele a perseguia. Cabe aqui relacionar o desinteresse latente das pessoas que com ela convivem em deixarem de ser *seres não conscientes*[34], no sentido dado por Sartre (2007), com o desapreço pela obra cinematográfica, pois que a classe burguesa, como se verifica no romance, faz análises superficiais das expressões artísticas, demonstrando falta de atenção com a função e o significado destas, o que conduz à ideia de que esse grupamento social tem desinteresse pela busca da autoconsciência do sujeito.

Esse comportamento se diferencia da condição em que Laurence se encontra, porque, tendo sua existência como objeto central de sua reflexão, permite que Buñuel a persiga, com seu cinema crítico-revolucionário[35], despertando os sentidos antes anestesiados da personagem.

Ainda tomando como base a discussão em torno da arte cinematográfica, e o processo de alienação conjugada à arte de uma forma geral, Benjamin (2012) faz a discussão sobre a perda dos sentidos, propondo a dialética da *sinestética* e da *anestética*. Com a perda das percepções, a sinestética se converte em anestética, na qual os sujeitos são bombardeados por impressões fragmentárias, perdendo a capacidade de ter sensibilidade em decorrência de uma sobrecarga de estimulação, gerando o entorpecimento, em que a estética perde o seu modo de contato com a realidade, não conseguindo responder aos estímulos da experiência.

Enquanto Laurence está inserida num círculo fechado, buscando o autoconhecimento e a liberdade, as pessoas próximas a ela estão envolvidas por um *círculo mágico*, que possui um outro significado de circularidade, devido ao qual elas sempre caem nas mesmas armadilhas do passado, não conseguindo sair da situação limitante. O que é descrito como *círculo mágico* pode ser comparado ao que Guy Debord (1997) chama de *espetáculo*: um

---

[34] "Estamos no plano do ser, não do conhecimento; não se trata de mostrar que os fenômenos do sentido interno presumem a existência de fenômenos objetivos e espaciais, mas que a consciência implica em seu ser um ser não-consciente e transfenomenal. Em particular de nada serviria replicar que, de fato, a subjetividade pressupõe a objetividade e se constitui a si ao constituir o objetivo: já vimos que a subjetividade é incapaz disso. Dizer que a consciência é consciência *de* alguma coisa é dizer que deve se produzir como revelação-revelada de um ser que ela não é e que se dá como já existente quando ela o revela. Partimos assim da pura aparência e chegamos ao pleno ser. A consciência é um ser cuja existência coloca a essência, e, inversamente, é consciência de um ser cuja essência implica a existência, ou seja, cuja aparência exige *ser*. O ser está em toda parte" (SARTRE, 2007, p. 34–35).

[35] Quando se refere a Buñuel e seu objeto artístico de cunho crítico-revolucionário, joga-se luz sobre a riqueza da obra e do artista que a compôs, separando-as unilateralmente da pessoa Luis Buñuel, que tem sua biografia marcada por traços homofóbicos e machistas, não estando em consonância com a abordagem feminista que este trabalho defende.

ESTILHAÇOS DE PAIXÃO E BELEZA: A TOMADA DE CONSCIÊNCIA EM *A PAIXÃO SEGUNDO G.H.* (1964), DE CLARICE LISPECTOR, E *LES BELLES IMAGES* (1966), DE SIMONE DE BEAUVOIR

processo interminável que separa as pessoas e os objetos dos fazeres (objetificando todas as relações sociais), e que por meio da alienação promove uma realidade imagético-ilusória, incapacitando a sociedade de reconhecer que está inserida nesse processo de aprimoramento. O que sustenta o espetáculo é o jogo mágico da imagem pela mediação.

Considerando que o tema central do romance é o debate sobre o que envolve os significados de imagem, deve-se pensar na importância do espaço, pois é nele que as imagens se dispõem. Numa compreensão fenomenológica do espaço, este não pode ser um eco do passado, parafraseando Bachelard (1993), ele não é um dado metafórico, mas uma imagem poética da simultaneidade, o espaço poético. "Ao contrário da metáfora, a uma imagem devemos dar o nosso ser de leitor; ela é doadora de ser. A imagem, obra pura da imaginação absoluta, é um fenômeno do ser [...]" (BACHELARD, 1993, p. 88).

O romance é marcado por um jogo de imagens e, para elaborá-lo, Beauvoir se utiliza do universo publicitário parisiense, estabelecendo uma relação entre esse universo e o cotidiano de Laurence, publicitária de classe social abastada que vive da imagem e dos seus recursos do espetáculo, no sentido dado por Debord (1997), possuindo um modelo de vida estereotipado, de mulher padronizada, que constitui uma família nuclear ideal.

Além da imagem se manifestar através do trabalho, pela via do espetáculo, metaforizado por meio da propaganda publicitária, ela também se apresenta no espaço como algo que tensiona rupturas em todo esse modelo coisificado da representação mediatizada. No caso da viagem à Grécia, revela-se, através da dança de uma criança, um momento de sensibilidade profunda na personagem, e ainda quando ela tem contato com obras de arte e paisagens arquitetônicas, quando passa a contestar as imagens de uma vida objetificada, ansiando por outra forma de existência, para além dessa superficialidade latente.

Mesmo que as personagens pareçam ter orgulho de ser parisienses, algumas delas fazem declarações sobre aspectos negativos da vida em Paris. Por exemplo:

> — Ah! não! diz Laurence. Já os grandes conjuntos dos arredores de Paris são tão deprimentes! (BEAUVOIR, 1989, p. 9).

> — Com essa vida que a gente leva em Paris, essa descontração é absolutamente indispensável, diz Jean-Charles (BEAUVOIR, 1989, p. 15).

— Dormir aqui deve ser maravilhoso, diz a Sra. Thirion. Não precisa usar tranquilizantes, suponho. Em Paris é indispensável[36] (BEAUVOIR, 1989, p. 79).

Laurence se sente aprisionada nas circunstâncias em que vive em Paris, absorta nos seus problemas com o marido e com o amante, nas dúvidas quanto à forma de educar Catherine, no sofrimento da mãe com a separação de Gilbert, além de estar arrebatada pelos problemas existenciais, os quais parecem que irão desaparecer com a viagem à Grécia:

> O avião aponta brutalmente em direção aos céus, o escuto furar as paredes de minha prisão: minha vida estreita rodeada por milhões de outras, sobre as quais ignoro tudo. Os grandes conjuntos e as pequenas casas se apagam, sobrevoo todas as cercas, livre da gravidade [...][37] (BEAUVOIR, 1989, p. 119–120).

Esse segmento do texto mostra a sensação da personagem de estar fora do espaço, como se somente nesse entre-lugar ela conseguisse superar as prisões delineadas pelo espaço cotidiano. Segundo Nubia Jacques Hanciau (2005, p. 215–216)

> O conceito de entre-lugar torna-se particularmente fecundo para reconfigurar os limites difusos entre centro e periferia, cópia e simulacro, autoria e processos de textualização, literatura e uma multiplicidade de vertentes culturais que circulam na contemporaneidade e ultrapassam fronteiras, fazendo do mundo uma formação de entre-lugares. Marcado por múltiplas acepções, o entre-lugar é valorizado pelos realinhamentos globais e pelas turbulências ideológicas iniciadas nos anos oitenta do último século, quando a desmistificação dos imperialismos revela-se urgente. [...] Foi o brasileiro Silviano Santiago quem, nos anos 1970, quando vivia nos Estados Unidos, definiu esse espaço intermediário e paradoxal, no ainda hoje atual ensaio "O entre-lugar do discurso latino-americano", filiando-se à tendência tropicalista dentro da tradição oswaldiana e modernista.

---

[36] "— Ah! non! dit Laurence. Déjà les grands ensembles des environs de Paris, c'est d'un déprimant!" (BEAUVOIR, 2015, p. 10).

"— Avec cette vie qu'on mène à Paris, on a absolument besoin de cette détente, dit Jean-Charles" (BEAUVOIR, 2015, p. 18).

"— On doit merveilleusement dormir ici, dit Mme Thirion. Je suppose qu'on n'a pas besoin de somnifères. A Paris, on ne peut pas s'en passer" (BEAUVOIR, 2015, p. 100).

[37] "L'avion pique brutalement vers le ciel, je l'entends crever les murs de ma prison: mon étroite vie cernée par des millions d'autres, dont j'ignore tout. Les grands ensembles et les petites maisons s'effacent, je survole toutes les clôtures, sauvée de la pesanteur [...]" (BEAUVOIR, 2015, p. 154).

O próprio Silviano Santiago (2000, p. 26) finaliza o ensaio sobre o tema dizendo as seguintes palavras sobre o lugar da literatura latino-americana:

> Entre sacrifício e o jogo, entre prisão e a transgressão, entre a submissão ao código e a agressão, entre a obediência e a rebelião, entre a assimilação e a expressão — ali, nesse lugar aparentemente vazio, seu templo e seu lugar de clandestinidade, ali, se realiza o ritual antropofágico da literatura latino-americana.

Nas teorias sobre lugar, a experiência (pertencimento) faz a densidade deste. Em contrapartida, o não lugar é a ausência de densidade, de vivência, de profundidade, em outras palavras, nesse espaço não se exprime pertencimento. É nesse espaço intermediário e paradoxal (no entre-lugar) que se configura o espaço aéreo descrito por Laurence, onde, pela primeira vez, ela retrata um lampejo de liberdade.

Quando chega à Grécia, logo no início da viagem, tem-se a impressão de que Laurence finalmente terá momentos de natural felicidade e de bem estar:

> Eu estava num quarto de hotel, guardava as minhas roupas sem ter a impressão de desempenhar o papel de turista num filme publicitário: tudo o que me acontecia era de verdade. [...] E eu soube o que significava essa palavra que se lê nos livros: felicidade. [...] A felicidade: como uma razão que a vida se dá a si mesma[38] (BEAUVOIR, 1989, p. 120).

Mas o caminho a percorrer para chegar à autonomia do sujeito não é tão simples. Essa sensação de felicidade logo passa, e os momentos de frustração e de mal-estar reaparecem:

> De repente eu vi aquela porta, as duas leoas decapitadas e senti... será o choque de que falava meu pai? Eu diria melhor: um pânico (BEAUVOIR, 1989, p. 124).

> O antro da Pítia, o estádio, os templos; ele me explicava cada pedra, eu escutava, me esforçava: em vão; o passado continuava morto. E estava um pouco cansada de me surpreender, de me exclamar[39] (BEAUVOIR, 1989, p. 122, grifo nosso).

---

[38] "J'entrais dans une chambre d'hôtel, je rangeais mes vêtements sans avoir l'impression de jouer un rôle de touriste dans un film publicitaire: tout ce qui m'arrivait était vrai. [...] Et j'ai su ce que voulait dire ce mot qu'on lit dans les livres: bonheur. [...] Le bonheur: comme une raison que la vie se donne à elle-même" (BEAUVOIR, 2015, p. 155).

[39] "Soudain j'ai vu cette porte, les deux lionnes décapitées et j'ai senti... était-ce là le choc dont mon père me parlait?" (BEAUVOIR, 2015, p. 160).

"L'antre de la Pythie, le stade, les temples; il m'expliquait chaque pierre, j'écoutais, je faisais des efforts: en vain; le passé restait mort. Et j'étais un peu fatiguée de m'étonner, de m'exclamer" (BEAUVOIR, 2015, p. 157).

A personagem faz visita aos monumentos, contra sua vontade. Nesse contexto, a autonomia de Laurence é limitada, pois, não tendo a capacidade de dizer não, se submete à vontade dos outros, no caso aqui, aquela do seu pai.

A ida à Grécia, a visita aos monumentos, o desencantamento com a viagem e com a companhia do pai são essenciais para o que será debatido mais adiante, no que tange ao processo de tomada de consciência da personagem. É importante destacar que, até o despertar dessa nova mulher, Laurence guarda consigo o que ensina a educação patriarcal e misógina perpetuada durante a formação das mulheres de uma maneira geral: que nenhuma conquista lhe é permitida, conforme discute Beauvoir (2009), em *O segundo sexo*. Em *Les belles images*, a protagonista diz:

> A literatura não me diz mais nada. Mas eu deveria tentar estudar alguma coisa: tornei-me tão ignorante! [...] Me parecia não ter mais futuro: Jean-Charles, as meninas, eles tinham; eu não. Então, para que me cultivar? Círculo vicioso: me desleixava, me entediava e me sentia cada vez mais sem a posse de mim mesma[40] (BEAUVOIR, 1989, p. 34).

A mulher se desenvolve passiva e dependente do pai, e depois, do marido. É a condição de fragilidade imposta pela sociedade androcêntrica que a coloca como carente de segurança e proteção, provocando situações diversas de conflito interior que são, para a psicanálise, inerentes à construção dos indivíduos, e ocorrem quando, no sujeito, opõem-se exigências internas contrárias. No trabalho intitulado *Psicanálise e psicossomática: uma revisão*, Luísa Branco Vicente (2005) expõe as contribuições de alguns pesquisadores sobre conflitos, dentre elas destaca-se a teoria da especificidade do conflito, na qual Alexander correlaciona os conflitos intrapsíquicos com as alterações fisiológicas. Conforme o autor, citado por Vicente (2005, p. 259),

> [...] o recalcamento operado na mente do sujeito por impossibilidade de expressão de emoções geradoras de um conflito intra-psíquico provoca estados de tensão fisiológica. Quando reprimidos, a agressividade, o medo e a culpabilidade provocam disfuncionamentos de órgãos, por impulso de tensões emocionais crônicas.

---

[40] "Soit. La littérature ne me dit plus rien. Mais je devrais essayer de m'instruire: je suis devenue si ignorante! [...] Il me semblait n'avoir plus d'avenir: Jean-Charles, les petites en avaient un; moi pas; alors à quoi bon me cultiver? Cercle vicieux: je me négligeais, je m'ennuyais et je me sentais de plus en plus dépossédée de moi" (BEAUVOIR, 2015, p. 43).

Dominique preparava Laurence para ser uma mulher que pressupunha perfeita, instruindo-a contra qualquer manifestação de cólera: "Seguir seu caminhozinho, sem mexer um fio, proibido olhar para a direita ou para a esquerda, tem idade para tudo, se sentir cólera engula um copo d'água e faça movimentos de ginástica. Me dei bem, me dei à perfeição"[41] (BEAUVOIR, 1989, p. 103).

Verifica-se um rigor e controle excessivos sobre a personalidade da filha, para que ela tenha um comportamento e uma aparência impecáveis, transformando-a numa mulher sem afeto, sem espontaneidade, e sem opinião própria, visto que a personagem declara reproduzir os pontos de vista de Jean-Charles sobre questões várias.

Como mencionado, coibir expressões de emoção desencadeia situações de tensão fisiológica e, relacionando essa discussão às particularidades intrínsecas ao romance, é importante destacar que a contenção de sentimentos conduz Laurence a uma situação-limite, desencadeando uma crise de vômitos.

Esse momento extremo se dá no quarto, após seu retorno da Grécia, momento esse seguido pelos conflitos que envolviam a defesa de Catherine da inflexibilidade de Jean-Charles e a reconciliação dos seus pais. Por esses motivos, Laurence se reclui para lidar com a sua dor:

> Ela aperta o lenço contra os dentes como para reter o grito que é incapaz de dar. Estou decepcionada. É normal eu estar. [...]

> Ela recai sobre o travesseiro. Vão forçá-la a comer, vão fazê-la engolir tudo; tudo o quê? Tudo o que ela vomita, a sua vida, a dos outros com os seus falsos amores, as suas histórias de dinheiro, as suas mentiras[42] (BEAUVOIR, 1989, p. 139).

É no quarto, espaço poético da intimidade e do devaneio, que a personagem vive suas lembranças, sua crise e seus conflitos impulsionadores da manifestação da sua autonomia de escolha.

Em se tratando de outro elemento concernente ao romance *Les belles images*, o tempo verbal que predomina no discurso narrativo é o presente do

---

[41] "Suivre son bonhomme de chemin, san dévier d'un pouce, défense de regarder à droite ou à gauche, à chaque âge ses tâches, si la colère te prend avale un verre d'eau et fais des mouvements de gymnastique. Ça m'a bien réussi, ça m'a parfaitement réussi" (BEAUVOIR, 2015, p. 132).

[42] "Elle serre son mouchoir contre ses dents comme pour arrêter le cri qu'elle est incapable de pousser. Je suis déçue. J'ai raison de l'être. [...]
Elle retombe sur son oreiller. Ils la forceront à manger, ils lui feront tout avaler; tout quoi? tout ce qu'elle vomit, sa vie, celle des autres avec leurs fausses amours, leurs histoires d' argent, leurs mensonges" (BEAUVOIR, 2015, p. 179–180).

indicativo, com poucas exceções, como, por exemplo, a passagem do texto em que a personagem-narradora, por meio da analepse, rememora sua viagem à Grécia. O discurso no presente do indicativo é um recurso utilizado para favorecer a troca das duas vozes narrativas.

Para Robbe-Grillet (1963), o romance contemporâneo é caracterizado pelo retorno ao passado e pelas rupturas cronológicas, sendo estas a base da organização da narrativa. Ao relacionar o *Nouveau Roman* aos elementos cinematográficos, o autor afirma:

> [...] como havíamos dito, o cinema conhece apenas um modo gramatical: o presente indicativo. Filme e romance se encontram, em todo caso, hoje, na construção de momentos, intervalos e sucessões que nada têm a ver com o tempo do relógio ou do calendário. É esse mesmo movimento paradoxal (construir destruindo) que encontramos no tratamento do tempo. O filme e o romance se apresentam, à primeira vista, sob a forma de sequências temporais[43] (ROBBE-GRILLET, 1963, p. 130, tradução nossa).

Prevalece, no romance, o tempo cronológico e, na sua maior parte, ele é desprovido de cortes claros e definitivos, havendo mudança simultânea de cena. Isso se dá devido ao modo de narrar escolhido pela autora (com frequente alternância entre a primeira e a terceira pessoa, e às vezes, com a fusão do discurso de Laurence com o de outras personagens ou do discurso do narrador em terceira pessoa com o de outras personagens), e à quantidade de substantivos, adjetivos e advérbios empregados, proporcionando um caráter rítmico ao texto. Como se pode observar nos seguintes trechos:

> Jean-Charles e Dufrène estão de acordo (eles têm as mesmas leituras), a ideia de homem deve ser revisada, e sem dúvida vai desaparecer, é uma invenção do XIX, hoje ultrapassada. [...] Me perdoem, é o esforço de toda a crítica moderna; e os critérios dos Goncourt e dos Renaudot, eu queria conhecê-los; os prêmios são ainda piores do que no ano passado (BEAUVOIR, 1989, p. 74, grifo nosso).

---

[43] "[...] nous l'avons dit, le cinéma ne connaît qu'un seul mode grammatical: le présent de l'indicatif. Film et roman se rencontrent en tout cas, aujourd'hui, dans la construction d'instants, d'intervalles et de successions qui n'ont plus rien à voir avec ceux des horloges ou du calendrier. [...] C'est ce même mouvement paradoxal (construire en détruisant) que l'on retrouve dans le traitement du temps. Le film et le roman se présentent de prime abord sous la forme de déroulements temporels" (ROBBE-GRILLET, 1963, p. 130).

> [...] as rosas na parede de pedras, os crisântemos, os ásteres, as dálias "mais bonitas de todo o Ile-de-France", disse Dominique; o biombo e as poltronas azuis e violeta — é uma audácia! — contrastam com o verde do gramado; o gelo balança nos copos, Houdan beija a mão de Dominique, magérrima na sua calça preta e blusa deslumbrante, os cabelos pálidos, meio loiros, meio brancos, de costas ela aparenta uns trinta anos. "Dominique, ninguém sabe receber como você." (No exato momento, num outro jardim, completamente diferente, exatamente igual, alguém pronuncia essas palavras e o mesmo sorriso pousa num outro rosto: "Que domingo maravilhoso!" Por que é que estou pensando nisso?)[44] (BEAUVOIR, 1989, p. 7).

Nesse fragmento, é possível notar a variação discursiva proveniente de diferentes vozes, constituídas pelos comentários de Dominique e de Houdan, e pelas vozes do narrador heterodiegético e de Laurence. No entanto, essa multiplicidade de vozes que se expressam no texto são, conforme Raija Koski (1992, p. 55), fruto de um discurso ideológico patriarcal e

> [...] quando se considera a narrativa do ponto de vista do confronto entre a mulher e a linguagem, estes diálogos se revestem de uma função particular: eles servem para veicular um discurso que oprime a mulher e a reduz ao silêncio.

O contexto de dominação da mulher pelo discurso patriarcal funciona como um grande entrave para que ela tome consciência. A linguagem, ao invés de ser instrumento de sua emancipação, torna-se um mecanismo opressor condicionante da alienação e da passividade diante da sociedade machista.

---

[44] "Jean-Charles et Dufrène sont d'accord (ils ont les mêmes lectures), l'idée d'homme est à réviser, et sans doute va-t-elle disparaître, c'est une invention du XIXe siècle, aujourd'hui périmée. [...] Il faudrait éliminer les critères subjectifs, c'est impossible, pardon c'est l'effort de toute la critique moderne, et les critères des Goncourt et des Renaudot, je voudrais les connaître, les prix sont encore plus mauvais que l'année dernière" (BEAUVOIR, 2015, p. 94). "[...] les roses contre le mur de pierre, les chrysanthèmes, les asters, les dahlias 'les plus beaux de toute l'Ile-de--France', dit Dominique; le paravent et les fauteuils bleus et violets, — c'est d'une audace! — tranchent sur le vert de la pelouse, la glace tinte dans les verres, Houdan baise la main de Dominique, très mince dans son pantalon noir et son chemisier éclatant, les cheveux pâles, mi-blonds, mi-blancs, de dos on lui donnerait trente uns. 'Dominique, personne ne sait recevoir comme vous.' (Juste en ce moment, dans un autre jardin, tout à fait différent, exactement pareil, quelqu'un dit ces mots et le même sourire se pose sur un autre visage: 'Quel merveilleux dimanche!' Pourquoi est-ce que je pense ça?)" (BEAUVOIR, 2015, p. 7–8).

ESTILHAÇANDO PAIXÃO E BELEZA: G.H. E LAURENCE TOMAM CONSCIÊNCIA

> *Ouçamos os toques de clarins...*
> *Há um rebento novo em cada ideia. Tudo se transforma.*

> (Maria Lacerda de Moura, 2018, p. 199)

Neste terceiro capítulo, o objetivo principal é abordar a tomada de consciência das personagens G.H. e Laurence, enfocando também os elementos de manifestação do hápax existencial e epifania ao longo dos romances.

Na trajetória de execução dessa tarefa, parte-se primeiro da pré-tomada de consciência, ou seja, a análise dos romances dedica-se aos eventos que antecedem o processo de tomada de consciência, o que leva as protagonistas a contestarem seus destinos. Por isso, é de suma importância verificar o que motivou essa tomada de novo curso em suas vidas, no que tange ao campo literário, às perturbações ou agitações que o corpo delas sentira, o hápax existencial, e às revelações, visões e entendimentos que elas passaram a ter, a epifania.

No segundo momento do capítulo, a análise concentra-se no fenômeno da tomada de consciência, e o que sucede após esse processo, a pós-tomada de consciência. Busca-se assim delinear as consequências desse processo dentro do aspecto da análise romanesca.

Vale destacar que, no que tange à comparação entre as obras, em *A paixão segundo G.H.* a tomada de consciência se manifesta em um dado momento da narrativa, mais no início, e com um grau de intensidade que lança G.H. a uma característica de contestação de sua subjetividade, com natureza diferente do que ocorre com o romance *Les belles images*. Nesse romance, Laurence adentra o processo de *prise de consciense* mais tardiamente, e passa a contestar sua subjetividade por outro viés, diferente daquele feito por G.H., mas havendo correspondência no aspecto da emancipação feminina.

No caso da protagonista G.H., a tomada de consciência é despertada quando ela adentra o quarto da empregada doméstica, Janair. Nesse lugar, ela se depara com eventos epifânicos, principalmente quando encontra uma barata, que a leva a contestar sua condição de ser mulher num mundo de imposições e determinações. Nesse lugar, ela também vive o hápax existencial, profunda situação-limite de perturbação física que a leva a fazer reflexões existenciais, lançando-se diante da virada no modo de consciência de outrora.

Para Laurence, o decurso da narrativa até a tomada de consciência ocorre mais tardiamente, mais especificamente no quarto e último capítulo. Até esse momento, a protagonista do romance passa por diversos eventos epifânicos, principalmente quando viaja à Grécia e também mediante os questionamentos existenciais levantados por sua filha, Catherine. A epifania decisiva que a leva a redirecionar sua consciência reflexiva, existencial e de seu papel feminino nessa sociedade opressora ocorre quando ela assiste a uma menina dançando em público. Esse evento conduz às profundas rupturas, inclusive ao hápax existencial, tudo no desfecho do romance.

É importante destacar que, em ambas as obras, o lugar tem papel decisivo na motivação das reflexões existenciais. É a partir desse deslocamento ao espaço desconhecido (quarto da empregada, para G.H.; viagem à Grécia, para Laurence) que elas se integram ao movimento de mudança, dando vazão ao percurso sinuoso de tomar consciência, negando as determinações fatalistas.

Essa diferença de envolvimento com o fenômeno de tomar consciência de si é o que estimula a fazer a análise da pré-tomada, da tomada e, também, da pós-tomada de consciência, pois os caminhos que as protagonistas traçam depois dessa avalanche de mudanças e contestações se manifestam de forma muito original e particular em cada romance.

A pré-tomada de consciência de G.H.

Dando seguimento à análise da obra *A paixão segundo G.H.*, é preciso retornar ao ambiente do quarto da trabalhadora do lar Janair, que pedira demissão da casa de G.H., e a patroa fora verificar como estava o lugar depois da partida da empregada. Julga-se que é a partir desse momento na narrativa que a tomada de consciência começa a se manifestar com maior densidade.

No curso da narrativa é apresentada a *percepção geométrica do espaço*, onde a personagem protagonista mostra divergência de entendimento em relação à sua assimetria.

> O quarto não era um quadrilátero regular: dois de seus ângulos eram ligeiramente mais abertos. E embora esta fosse a sua realidade material, ela me vinha como se fosse minha visão que o deformasse. Parecia a representação, num papel, do

> modo como eu poderia ver um quadrilátero: já deformado nas suas linhas de perspectivas. A solidificação de um erro de visão, a concretização de uma ilusão de ótica. Não ser inteiramente regular nos seus ângulos dava-lhe uma impressão de fragilidade de base como se o quarto-minarete não estivesse incrustado no apartamento nem no edifício (LISPECTOR, 2014, p. 36).

As expressões "erro de visão" e "ilusão de ótica" asseveram a percepção da deformação que G.H. tem do quarto. E a desproporção do ambiente, gerando uma "fragilidade de base", revela sua insegurança ao permear um espaço, de certa forma desconhecido, pois um novo caminho começará a ser traçado naquele lugar.

Para uma mulher acostumada com o conforto, com a ordem, com os privilégios destinados à sua classe, é comum que o acesso ao território não domesticado pelo paradigma civilizatório da classe dominante cause desordem na sua superficial estabilidade.

O conceito de *espaço geométrico*, nesse caso, está fundamentado na abordagem fenomenológica-existencial desenvolvida por Maurice Merleau-Ponty (1999, p. 394–395), em que valoriza a relatividade simbólica e subjetiva no ato de percepção do próprio espaço geográfico, natural e geométrico.

> A novidade da fenomenologia não é negar a unidade da experiência mas fundá-la de outra maneira que o racionalismo clássico. Pois os atos objetivantes não são representações. O espaço natural e primordial não é o espaço geométrico e, correlativamente, a unidade da experiência não é garantida por um pensador universal que exporia diante de mim os conteúdos da experiência e me asseguraria, em relação a eles, toda a ciência e toda a potência. Ela é apenas indicada pelos horizontes de objetivação possível, ela só me libera de cada ambiente particular porque me liga ao mundo da natureza ou do em si que os envolve a todos. Será preciso compreender como, com um único movimento, a existência projeta em torno de si mundos que me mascaram a objetividade e determina esta objetividade como meta para a teleologia da consciência, destacando estes 'mundos' sobre o fundo de um único mundo natural.

Sobre a densidade da percepção subjetiva do espaço geométrico, Merleau-Ponty (1999, p. 387–388) reforça:

> Da mesma forma, enfim, quando procuramos fundar o espaço geométrico, com suas relações intramundanas, na

> espacialidade originária da existência, nos responderão que o pensamento só conhece a si mesmo ou às coisas, que não é pensável uma espacialidade do sujeito, e que por conseguinte nossa proposição é rigorosamente desprovida de sentido. Ela não tem, responderemos, sentido temático ou explícito, ela se esvanece diante do pensamento objetivo. Mas ela tem um sentido não temático ou implícito, e este não é um *sentido menor*, pois o próprio pensamento objetivo se alimenta do irrefletido e se oferece como uma explicitação da vida de consciência irrefletida, de forma que a reflexão radical não pode consistir em tematizar paralelamente o mundo ou o espaço e o sujeito intemporal que os pensa, mas deve retomar essa própria tematização com os horizontes de implicações que lhe dão seu sentido.

No interior do quarto havia desenhos grafados na parede. "O desenho era um ornamento: era uma escrita" (LISPECTOR, 2014, p. 37). G.H. faz essa afirmação quando se depara com três desenhos (um homem, uma mulher e um cachorro), feitos por Janair, na parede branca que sucede a porta.

As ilustrações foram feitas com a ponta quebrada de carvão: rocha sedimentar formada em sua grande parte pelo carbono, que, por sua vez, é o elemento químico essencial aos processos vitais. Esse ingrediente básico da vida também foi responsável pela origem da civilização através da escrita. Logo, a origem da vida é o carvão; a origem da escrita é o carvão. A protagonista está, portanto, diante de imagens que se assemelham a pictogramas.

É estabelecida uma relação entre o princípio de tudo, através do carbono (elemento presente na origem do universo), o surgimento da sociedade (por meio da escrita), e o momento que antecede a tomada de consciência, como uma espécie de preparação, um mergulho da personagem para dentro de si que dará origem a uma nova mulher. Sendo assim, o desenho não é um ornamento, e sim uma escrita, porque comunica algo, porque gera reflexão em G.H.

Ela pensa em si, pensa na figura masculina da ordem, do poder e do domínio que ela representa para Janair:

> Meu mal-estar era de algum modo divertido: é que nunca antes me ocorrera que, na mudez de Janair, pudesse ter havido uma censura à minha vida, que devia ter sido chamada pelo seu silêncio de "uma vida de homens"? Como me julgara ela?
>
> Olhei o mural onde eu devia estar sendo retratada... Eu, o Homem [...] (LISPECTOR, 2014, p. 38).

Na relação entre patroa-empregada existe sentimento de solidariedade e de rivalidade, de compaixão e de indiferença. Na obra em questão, os atos de indiferença são latentes, pois que G.H. demora um tempo para se lembrar da fisionomia e do nome da empregada, que saíra apenas havia um dia. Trata-se de um grave problema que afeta o cenário social brasileiro: a invisibilidade social. Júlia Tomás (2012) discute a *invisibilidade social* da seguinte forma:

> Propomos assim, seguindo esta teoria [hermenêutica e feno-menológica], que a invisibilidade social nasce da consciência constituinte do ato de "não ver outrem". Por conseguinte, este fenômeno é puramente subjetivo. Ao reduzir eideticamente o conceito da invisibilidade social surge a sua essência: a intersubjetividade. Ao considerar a intersubjetividade como a estrutura essencial da invisibilidade social observamos uma correlação entre o "não visto" e os outros indivíduos, o "não visto" sendo compreendido como aquele que é invisível aos olhos dos que o rodeiam e os indivíduos sendo entendidos como consciência constituinte (TOMÁS, 2012, p. 2).

Seja pela indiferença ou pelo preconceito, Janair é tratada como um ser humano invisível.

> [...] Quis lembrar-me de seu rosto, e admirada não consegui [...]. A lembrança de sua cara fugia-me, devia ser um lapso temporário.

> [...] E sua roupa? Não era de surpreender que eu a tivesse usado como se ela não tivesse presença: sob o pequeno aven-tal, vestia-se sempre de marrom escuro ou de preto, o que a tornava toda escura e invisível. Janair tinha quase que apenas a forma exterior, os traços que ficavam dentro de sua forma eram tão apurados que mal existiam: ela era achatada como um baixo-relevo preso a uma tábua (LISPECTOR, 2014, p. 39).

Além de refletir sobre a invisibilidade de Janair na casa, a patroa também atenta à possibilidade de a empregada odiá-la: "[...] E, olhando o desenho hierático, de repente me ocorria que Janair me odiara [...]" (LIS-PECTOR, 2014, p. 38). E supõe que o cachorro desenhado na parede é uma transposição do sentimento adverso que ela tinha por G.H. "[...] E quanto ao cachorro — seria este o epíteto que ela me dava? [...]" (p. 38).

Verifica-se, então, que não há harmonia e solidariedade no período de convivência entre as duas mulheres, posto que, para G.H., Janair é invisível, e esta demonstra ódio pela outra.

Nas relações de trabalho, é comum verificar esse desequilíbrio, caracterizado pelo controle, pela exigência de disciplina e organização, pela imposição de regras por parte das empregadoras, e, de outra parte, pela autodefesa, submissão, e mecanismos de resistência por parte das empregadas.

Pode-se dizer que a expressão de escritura da funcionária, através dos desenhos na parede, a faxina no quarto, a reorganização e remoção dos objetos velhos sem utilidade são atitudes de insubordinação. Comportamento responsável por desestabilizar G.H.

Alguns aspectos relevantes precisam ser destacados mediante a análise da obra em questão. Para tanto, é necessário ressaltar três conceitos para que se possa compreender a importância destes no processo de tomada de consciência da personagem protagonista. O primeiro deles é a pre-sença (*dasein*), elaborado por Martin Heidegger (2000), em *Ser e tempo*; os demais, *exotopia* e *alteridade*, tecidos por Mikhail Bakhtin (2010), em *Estética da criação verbal*.

No romance, a presença de Janair no quarto ocasiona o processo de entendimento próprio de G.H., que tem início.

> Coagida com a presença que Janair deixara de si mesma num quarto de minha casa, eu percebia que as três figuras angulares de zumbis haviam de fato retardado minha entrada como se o quarto ainda estivesse ocupado (LISPECTOR, 2014, p. 39).

Pode-se dizer que há a presença de Janair no quarto, uma vez que ela deixou suas impressões através da já referida reorganização do cômodo e, principalmente, pelos desenhos. Dessa forma, Janair existe no quarto. A funcionária, sempre tida como ausente e invisível, passa a existir para G.H. Uma presença que faz pensar. Uma presença que leva à pre-sença.

Conforme Martin Heidegger (2000, p. 78), "as características constitutivas da pre-sença são sempre modos possíveis de ser e somente isso". O filósofo afirma:

> [...] Ela [pre-sença] não "tem" a possibilidade apenas como uma propriedade simplesmente dada. E é porque a pre-sença é sempre essencialmente sua possibilidade que ela *pode*, em seu ser, isto é, sendo, "escolher-se", ganhar ou perder-se ou ainda nunca ganhar-se ou só ganhar-se "aparentemente" (HEIDEGGER, 2000, p. 78).

Posto isso, no cerne das discussões fenomenológicas, avançando nas questões ontológicas do ser, Heidegger preconiza que a condição de ser cabe a cada um; é uma possibilidade própria de cada ser ganhar-se; optar por ganhar ou não, perder ou não sua pre-sença, é uma determinação de cada indivíduo.

Em se tratando da protagonista, objeto de análise desta parte do trabalho, interpretando sua própria existência, ela irá perceber que cabe somente a ela a ruptura com os elementos supérfluos que compõem a sua *cotidianidade mediada*. Sobre esse conceito, Heidegger (2000, p. 79–80) diz:

> Porque a cotidianidade mediana perfaz o que, em primeiro lugar, constitui o ôntico deste ente, sempre se passou *por cima* dela e sempre se passará, nas explicações da pre-sença. O que, onticamente, é conhecido e distante, o desconhecido, e o que constantemente se desconsidera em seu significado ontológico. [...] Não se deve, porém, tomar a cotidianidade mediana da pre-sença como um simples 'aspecto'. Pois a estrutura da existencialidade está incluída *a priori* na cotidianidade e até mesmo em seu modo impróprio. De certa forma, nele está igualmente em jogo o ser da pre-sença, com o qual ela se comporta e relaciona no modo da cotidianidade mediana mesmo que seja apenas *fugindo e se esquecendo dele*.

A partir de uma trajetória descrita pela personagem, pretende-se explorar todo o processo de esforço pela construção de sua pre-sença. "O quarto era o retrato de um estômago vazio" (LISPECTOR, 2014, p. 40). O quarto representa quem tem fome, produzida pelas profundas desigualdades sociais, pela exploração das trabalhadoras e pela segregação social, alimentando os privilégios e o controle dos meios de produção da classe dominante. Nele (no quarto) delineiam-se elementos que permeiam a realidade socioeconômica de Janair e das demais empregadas brasileiras, que, em sua maioria, são negras, reforçando a dominação de gênero, de classe e de raça (DAVIS, 2011) no ambiente de trabalho. Seguindo a perspectiva do feminismo radical levantada por Ângela Davis (2016, p. 225):

> As enervantes obrigações domésticas das mulheres em geral oferecem uma flagrante evidência do poder do sexismo. Devido à intrusão adicional do racismo, um vasto número de mulheres negras teve de cumprir as tarefas de sua própria casa e também os afazeres domésticos de outras mulheres. E com frequência as exigências do emprego na casa de uma mulher branca forçavam a trabalhadora doméstica a negligenciar sua própria casa e até mesmo suas próprias crianças. Enquanto empregadas remuneradas, elas eram convocadas a ser mães e esposas substitutas em milhões de casas de famílias brancas.

Retomando a descrição do quarto, sua mobília limita-se a uma cama, três maletas velhas, e um guarda-roupa estreito. As descrições do colchão salientam particularidades de um ambiente inóspito, desagradável, seco, rude e áspero, destacando o estado de precariedade e segregação imposto a Janair pela patroa:

> A cama, de onde fora tirado o lençol, expunha o colchão de pano empoeirado, com suas largas manchas desbotadas como de suor ou sangue, manchas antigas e pálidas. Uma outra crina fibrosa furava o pano que estava podre de tão seco e espetava-se erecta no ar. [...]

> Sobre elas [maletas], e sobre a marca quase morta de um "G.H.", o acúmulo já sedimentado e tranquilo de poeira. E havia também o guarda-roupa estreito: era de uma porta só, e da altura de uma pessoa, de minha altura. A madeira continuamente ressecada pelo sol abria-se em gretas e farpas (LISPECTOR, 2014, p. 40).

O segundo e terceiro conceitos relevantes para a compreensão da composição da personagem no que diz respeito à tomada de consciência foram elaborados por Bakhtin. São eles: exotopia (*ex*: fora; *topos*: lugar) e alteridade (do latim *alteritas*: outro). Na ocasião em que busca definir o sentido de exotopia, Bakhtin (1997) argumenta também sobre a difícil tarefa de conceber a relação harmônica entre o *eu* e o *outro*, elementos de compreensão da alteridade.

O termo *exotopia*, escolhido por Tzvetan Todorov para traduzir do russo *vnenajodimost* (substantivo de "encontrar-se fora"), conforme demonstra Irene Machado (2010, p. 16), "[...] tornou-se a matriz terminológica e conceitual das formulações da arquitetônica que procura abarcar a importância do olhar contido num campo de visão e também daquele que se revela excedente [...]".

No capítulo sobre *A forma espacial da personagem*, Bakhtin (2010) aprofunda o debate acerca do *excedente de visão*, base para o entendimento do conceito de exotopia. Segundo as palavras do autor,

> Quando contemplo no todo um homem situado fora e diante de mim, nossos horizontes concretos efetivamente vivenciáveis não coincidem. Porque em qualquer situação ou proximidade que esse outro que contemplo possa estar em relação a mim, sempre verei e saberei algo que ele, da sua posição fora e diante de mim, não pode ver: as partes de seu corpo inacessíveis ao seu próprio olhar — a cabeça, o rosto, e sua expressão —, o modo atrás dele, toda uma série de objetos e relações que, em função dessa ou daquela relação de reci-

procidade entre nós, são acessíveis a mim e inacessíveis a ele. Quando olhamos, dois diferentes mundos se refletem na pupila dos nossos olhos (BAKHTIN, 2010, p. 21).

Para dar contornos a essa abordagem da exotopia e da alteridade bakhtiniana, partindo do olhar do *eu* para o *outro*, no romance em destaque, é interessante notar como a patroa descreve e constrói sua visão da subalterna. Na ocasião, G.H. revela sua visão de Janair:

> [...] o rosto preto e quieto, [...] a pele inteiramente opaca que mais parecia um de seus modos de se calar, as sobrancelhas extremamente bem desenhadas, [...] os traços finos e delicados que mal eram divisados no negror apagado da pele. Os traços — descobri sem prazer — eram traços de rainha. E também a postura: o corpo erecto, delgado, duro, liso, quase sem carne, ausência de seios e de ancas (LISPECTOR, 2014, p. 39).

E, partindo da noção da invisibilidade que G.H. tinha de Janair, que possuía "quase que apenas a forma exterior", ela começa a se questionar a partir desse olhar sobre a empregada.

É de suma importância fazer breve consideração quanto a essa situação que gera o despertar da tomada de consciência na protagonista. Uma mulher branca, de classe abastada, com todos seus privilégios, se incomoda, reflete e mergulha em um caminho tortuoso de desconstrução de todas essas estruturas de dominação e privilégios social e racial que ela detinha vaidosamente. A mulher negra e subalterna a faz refletir sobre si:

> E fatalmente, assim, como ela era, assim deveria ter me visto? Abstraindo daquele meu corpo desenhado na parede tudo o que não era essencial, e também de mim só vendo o contorno. No entanto, curiosamente, a figura na parede lembrava-me alguém, que era eu mesma (LISPECTOR, 2014, p. 39).

Nós nos vemos pelo olhar do outro. De fato, G.H. se vê como os demais integrantes da sua classe social a veem, o que não causa nenhum desconforto. Reconhece estar acostumada a ser julgada apenas por si mesma. Mas eis que ocorre a presença do seu oposto, e ela se reconhece nesse ser tão diverso de si.

> Havia anos que eu só tinha sido julgada pelos meus pares e pelo meu próprio ambiente que eram, em suma, feitos de mim mesma e para mim mesma. Janair era a primeira pessoa realmente exterior de cujo olhar eu tomara consciência (LISPECTOR, 2014, p. 38).

Esse ponto de vista controverso da protagonista com relação à funcionária é um componente fundamental para seu autoquestionamento, pois ela passa a se ver de forma incomum, graças ao olhar divergente que Janair demonstra de sua patroa. Mesmo silenciada, ela manifesta como a reconhece, através das gravuras, ímpeto primitivo de insatisfação.

Olga de Sá (1993, p. 146) salienta a forma como G.H. interpretou as figuras: "O que quisera dizer Janair, desenhando as 'três múmias'? G.H. compreendeu-as, como índices irônicos de sua caricatura de vida, orientada para o vazio".

Em se tratando de processos de alteridade no romance é importante ressaltar o trabalho de Emília Amaral (2001), intitulado *O leitor segundo G.H.*, no qual ela aponta que a protagonista se indaga diante desses processos:

> Neste ser pelo avesso (*Detalhadamente não sendo, eu me provava que eu era. p. 22*), G.H. paradoxalmente vê em estado latente a realidade mais profunda do Ser, aquela que ultrapassa o humano, e que constitui a revelação maior da obra. Como já foi dito, tal realidade adquire visibilidade, antes da visão, por meio de uma imagem: no olhar dos retratos de praia e de viagem G.H. vê o Mistério, o abismo, o silêncio neutro e inexpressivo do mundo inumano: (*Olhava de relance o rosto fotografado e, por um segundo, naquele rosto inexpressivo o mundo me olhava de volta também inexpressivo. p. 18*) (AMARAL, 2001, p. 103).

Como foi mencionado anteriormente, G.H. retrata diferentes processos de alteridade. O primeiro se dá nas interações entre ela e os seus iguais, ou seja, pessoas que, como ela, pertencem à classe abastada (indivíduos do mesmo grupo social), e se escondem por trás das máscaras de caráter, termo discutido por John Holloway (2013), envolvidas num processo de atuação como os demais, denominado de conformismo social.

Ao refletir acerca do conceito de conformismo social, o psicólogo polonês Solomon Asch (1955, p. 5, tradução nossa) diz:

> Quando o consenso está sob o domínio da conformidade, o processo social está poluído, e o indivíduo, ao mesmo tempo, se rende às capacidades das quais depende seu funcionamento como um ser que pensa e sente".[45]

---

[45] "When consensus comes under the dominance of conformity, the social process is polluted and the individual at the same time surrenders the powers on which his functioning as a feeling and thinking being depends." (tradução nossa).

O outro processo ocorre a partir do conflito que se estabelece entre G.H. e Janair, que será discutido ao longo do texto. É nesse contexto dialógico que irá brotar a necessidade de fazer-se, de reconhecer sua existência, no sentido dado pela fenomenologia. A protagonista mostra a necessidade de se deixar ser, de deixar "derramar" *pre-sença*.

> Só que a água nunca fervera. Eu não precisava de violência, eu fervilhava o suficiente para a água nunca ferver nem derramar. Não, eu não conhecia a violência. Eu nascera sem missão, minha natureza não me impunha nenhuma; e sempre tive a mão bastante delicada para não me impor um papel. Eu não me impunha um papel, mas me organizara para ser compreendida por mim, não suportaria não me encontrar no catálogo. [...] Eu vivia mais dentro de um espelho. Dois minutos depois de nascer eu já havia perdido as minhas origens (LISPECTOR, 2014, p. 26).

Ao elaborar seu pensamento sobre o Nada, Platão o define como alteridade:

> Resulta que há um ser do não-ser, tanto para o movimento quanto para todos os gêneros, já que em todos os gêneros a alteridade, que torna cada um deles outro, transforma o ser de cada um em não-ser, de modo que diremos corretamente que todas as coisas não são e ao mesmo tempo são e participam do ser. [...] Para Platão o Nada é a alteridade do ser, ou seja, a negação de um ser determinado (p. ex., do movimento) e a referência indefinida ao outro gênero do ser (ao que não é movimento) (ABBAGNANO, 2000, p. 695).

Diante dessa discussão, vale destacar uma passagem do texto em que G.H. declara: "Eu me preparava para limpar coisas sujas mas lidar com aquela ausência me desnorteava" (LISPECTOR, 2014, p. 41). Ela experimenta uma ausência (Nada) motivada pela negação do outro (Janair), e pela negação de si, e se deparando com o *não ser* é que ela, progressivamente, estará diante de seu *ser*.

Para Heidegger, citado por Abbagnano (2000, p. 697), o Nada "é a própria anulação [...], ele é 'a condição que possibilita, em nosso ser-aí (Dasein), a revelação do existente como tal'. O problema e a procura do ser nascem de fato de o homem não ser todo o ser, de que seu ser é o Nada da totalidade do ser".

A dona do apartamento se refere à funcionária utilizando as seguintes expressões: "representante de um silêncio", "estrangeira", "inimiga indiferente", e confessa sua indiferença combinada com aversão quando declara "[...] que sem sequer a ter olhado, a odiava" (LISPECTOR, 2014, p. 41).

Janair representa o perfil da mulher negra trabalhadora doméstica, inserida no processo de marginalização social, no qual a sociedade de classe naturaliza a desigualdade e a negação da subjetividade dos indivíduos explorados pelo trabalho precarizado e pela sujeição às lógicas de subalternidade.

A personagem se insere numa conjuntura social brasileira fruto de um passado escravista, denominado por Sueli Carneiro (*apud* RATTS, 2003, p. 4) de *subalternização do gênero segundo a raça*. Para a autora:

> As imagens de gênero que se estabelecem a partir do trabalho enrudecedor, da degradação da sexualidade e da marginalização social, irão reproduzir até os dias de hoje a desvalorização social, estética e cultural das mulheres negras e a supervalorização no imaginário social das mulheres brancas, bem como a desvalorização dos homens negros em relação aos homens brancos. Isso resulta na concepção de mulheres e homens negros enquanto gêneros subalternizados, onde nem a marca biológica feminina é capaz de promover a mulher negra à condição plena de mulher e tampouco a condição biológica masculina se mostra suficiente para alçar os homens negros à plena condição masculina, tal como instituída pela cultura hegemônica.

Condizente com as ideias de Carneiro, Ratts (2003, p. 4–5) entende que "[…] no Brasil, essa subalternização do gênero implica na seguinte hierarquia: Em primeiro lugar situa-se o homem branco; em segundo, a mulher branca; em terceiro, o homem negro; e, por último, a mulher negra".

Apoiando-se nas discussões desses autores sobre a subalternização da mulher negra, é possível compreender com mais nitidez que o processo de formação sociocultural e socioespacial brasileiro foram constituídos por valores patrimonialistas, classistas e racistas.

Ainda tratando de Janair, G.H. menciona mais um atributo: o de "rainha africana". Foi durante o período colonial que aconteceram as vindas da nobreza africana para o Brasil. Ao abordar essa temática, Reinaldo Soares (2006, p. 93) assegura que

> [...] o advento do regime escravocrata no Brasil ocasionou a deportação de membros de elites africanas — prisioneiro de guerra — vendidos como escravos, que tentaram reconstruir na diáspora suas formações políticas e religiosas.

ESTILHAÇOS DE PAIXÃO E BELEZA: A TOMADA DE CONSCIÊNCIA EM *A PAIXÃO SEGUNDO G.H.* (1964), DE CLARICE LISPECTOR, E *LES BELLES IMAGES* (1966), DE SIMONE DE BEAUVOIR

Alguns negros libertos (que faziam parte da aristocracia africana) se autointitulavam reis, como é o caso do príncipe Obá II.

> Seu reino – constituído por africanos, crioulos e mestiços, que poderiam ser libertos, escravos ou homens livres – localizava-se próximo do Paço Imperial, região conhecida como "Pequena África", que abrigava um número significante de africanos (SOARES, 2006, p. 93).

Mas os reis e rainhas africanos eram tidos, no Brasil Colônia, como figuras folclóricas. Eram admirados apenas pela comunidade negra, e estavam longe de serem equiparados à nobreza europeia.

Essa identificação com a monarquia e seus símbolos também estava associada a atos de revolta e a mecanismos de resistência. Conforme o autor supracitado,

> [...] esses "reinos negros" também poderiam ser sinônimos de revolta. Muitas lideranças de levantes de escravos se autodenominavam reis e rainhas, restaurando, no Brasil, uma possível autoridade exercida na África. No mais conhecido quilombo brasileiro sua maior liderança recebia o tratamento de rei de Palmares. No quilombo do Urubu, em Salvador, além de um rei e uma rainha havia também o cargo de vice-rei (REIS *apud* SOARES, 2006, p. 94).

Diante do exposto, a referência a Janair como "rainha africana" designa resistência em virtude da história de luta do povo negro; pelo fardo do trabalho árduo e degradante, que muitas vezes a ele foi e é delegado; pela criatividade de talento artístico-cultural que assegurou a defesa e o enfrentamento diante de tantas atrocidades.

Janair é uma rainha africana de quem fora destituída a nobreza ao retirarem sua subjetividade, ao considerá-la (assim como acontece com a grande parte da população negra brasileira) incapaz de exercer funções que não a de subtrabalhadora do precariado.

Ela é uma soberana insubmissa quando pratica suas pequenas resistências cotidianas contra a patroa que exige uma postura subserviente. Seja como rainha do seu lar, como rainha do terreiro (mãe de santo), ou rainha do samba, as mulheres negras brasileiras carregam consigo a força das grandes guerreiras que a historiografia oculta, como: Dandara dos Palmares, Anastácia, Tereza de Benguela, Zeferina, Maria Felipa de Oliveira, Rainha

Tereza do Quariterê, Na Agontimé, Zacimba Gaba e Aqualtune, e várias outras combatentes da escravidão, do racismo e do machismo.

G.H. queria eliminar a presença de Janair e a aridez do quarto, posto que ambas a irritavam:

> A primeira coisa que eu faria seria arrastar para o corredor as poucas coisas de dentro. E então jogaria no quarto vazio baldes e baldes de água que o ar duro sorveria, e finalmente enlamearia a poeira até que nascesse umidade daquele deserto, destruindo o minarete que sobranceava altaneiro um horizonte de telhados. Depois jogaria água no guarda-roupa para engorgitá-lo num afogamento até a boca — e enfim, enfim veria a madeira começar a apodrecer (LISPECTOR, 2014, p. 41).

Uma outra questão motivada pela figura de Janair e pelo quarto seco a perturba: ela quer se indagar, quer lançar-se dentro de si. Para ela, é novidade julgar-se, porque amedronta perder suas "aspas", deixar de ser uma "réplica bonita", destruir o tédio que a alimenta e delicadamente a come. O tédio frequentemente manifesto no cotidiano do burguês. Sobre esse tema, Theodor Adorno (1995, p. 75) diz:

> Tédio é o reflexo do cinza objetivo. Ocorre com ele algo semelhante ao que se dá com a apatia política. A razão mais importante para esta última é o sentimento, de nenhum modo injustificado das massas, de que, com a margem de participação na política que lhes é reservada pela sociedade, pouco podem mudar em sua existência, bem como, talvez, em todos os sistemas da terra atualmente. O nexo entre a política e os seus próprios interesses lhes é opaco, por isso recuam diante da atividade política. Em íntima relação com o tédio está o sentimento, justificado ou neurótico, de impotência: tédio é o desespero objetivo. Mas, ao mesmo tempo, também a expressão de deformações que a constituição global da sociedade produz nas pessoas. A mais importante, sem dúvida, é a detração da fantasia e seu atrofiamento.

Surge também uma espécie de "violência", sentimento nunca antes experimentado por ela: "Uma cólera inexplicável, mas que vinha toda natural, me tomara: eu queria matar alguma coisa ali" (LISPECTOR, 2014, p. 41). Quer matar a mulher estereotipada que admitira ser, e reconhecer-se a si mesma, em lugar de reconhecer-se no outro: "Enquanto eu mesma era, mais do que limpa e correta, era uma réplica bonita" (LISPECTOR, 2014, p. 29).

Mas é dificultoso renunciar às acomodações que sua condição socioe-conômica lhe assegura, e consequentemente, é árduo deixar de ser uma repetição automática de um padrão de mulher.[46]

Planejando eliminar o que a incomoda no quarto, ocorre uma ideia que lhe causa conforto:

> [...] eu cobriria aquele colchão de palha seca com um lençol mole, lavado, frio, com um de meus próprios lençóis que tinham minhas iniciais bordadas, substituindo o que Janair deveria ter jogado no tanque. Mas antes rasparia da parede a granulada secura do carvão, desincrustando à faca o cachorro, apagando a palma exposta das mãos do homem, destruindo a cabeça pequena demais para o corpo daquela mulherona nua. E jogaria água e água que escorreria em rios pelo raspado da parede. Como se já estivesse vendo a fotografia do quarto depois que fosse transformado em meu e em mim, suspirei de alívio (LISPECTOR, 2014, p. 42).

Aliciadas à vontade de arrancar as impressões de Janair (objetivo que não se cumpre), questões que não fazem parte de suas reflexões coti-dianas surgem. Indagações que não se agregam às concepções ideológicas do indivíduo que opta por estar em conformidade com os valores de classe dominante, de forma que seu eu seja consumido, com a garantia de que ele seja membro de um grupo que produz sujeitos automatizados.

G.H. inaugura os questionamentos existenciais sobre seu passado, carente de autorreflexão:

> O que queria essa mulher que sou? o que acontecia a um G.H. no couro da valise? Nada, nada, só que meus nervos estavam agora acordados — meus nervos que haviam sido tranquilos ou apenas arrumados? meu silêncio fora silêncio ou uma voz alta que é muda? (LISPECTOR, 2014, p. 42).

Esse momento da narrativa, entre outros, marca a transição da pré--tomada para a tomada de consciência, quando, por exemplo, são ditas as seguintes palavras:

---

[46] Gilles Deleuze (1988, p. 8), tratando da manifestação da diferença e da repetição na sociedade moderna, defende: "Nossa vida moderna é tal que, encontrando-nos diante das repetições mais mecânicas, mais estereotipadas, fora de nós e em nós, não cessamos de extrair delas pequenas diferenças, variantes e modificações. Inversamente, repetições secretas, disfarçadas e ocultas, animadas pelo deslocamento perpétuo de uma diferença, restituem em nós e fora de nós repetições nuas, mecânicas e estereotipadas. No simulacro, a repetição já incide sobre repetições e a diferença já incide sobre diferenças. São repetições que se repetem e é o diferenciante que se diferencia. A tarefa da vida é fazer com que coexistam todas as repetições num espaço em que se distribui a diferença".

> É que eu não tinha mais o que articular. Minha agonia era como a de querer falar antes de morrer. Eu sabia que estava me despedindo para sempre de alguma coisa, alguma coisa ia morrer, e eu queria articular a palavra que pelo menos resumisse aquilo que morria.
>
> Afinal consegui pelo menos articular um pensamento: "estou pedindo socorro".
>
> Ocorreu-me então que eu não tinha contra o que pedir socorro. Eu não tinha nada a pedir.
>
> De repente era isso. Eu estava entendendo que "pedir" eram ainda os últimos restos de um mundo apelável que, mais e mais, se estava tornando remoto. E se eu continuava a querer pedir era para ainda me agarrar aos últimos restos de minha civilização antiga, agarrar-me para não me deixar ser arrastada pelo que agora me reivindicava. E o quê — num gozo sem esperança — eu já cedia, ah eu já queria ceder — ter experimentado já era o começo de um inferno de querer, querer, querer… A minha vontade de querer era mais forte do que a minha vontade de salvação? (LISPECTOR, 2014, p. 75).

Por sua vez, no que diz respeito à nova consciência adquirida, é preciso destacar que esta jamais é consciência pura do instante, pois ela é sempre parte de um empreendimento ou um processo de (des)construção, conforme demonstra Sartre (2007, p. 570):

> Na verdade, como vimos, tomar consciência (de) si jamais significa tomar consciência do instante, pois o instante é apenas uma "visão do espírito", e, ainda que existisse, uma consciência que se captasse no instante já não captaria nada. Só posso tomar consciência de mim enquanto tal homem em particular comprometido em tal ou qual empreendimento, contando antecipadamente com tal ou qual êxito, receando tal ou qual resultado, e, pelo conjunto dessas antecipações, esboçando na íntegra sua figura.

Retomando o discurso da personagem para compreender o processo de transição da pré-tomada para a tomada de consciência, ela se coloca da seguinte forma:

> Como te explicar: eis que de repente aquele mundo inteiro que eu era crispava-se de cansaço, eu não suportava mais carregar nos ombros — o quê? — e sucumbia a uma tensão

> que eu não sabia que sempre fora minha. Já estava havendo então, e eu ainda não sabia, os primeiros sinais em mim do desabamento de cavernas calcárias subterrâneas, que ruíam sob o peso de camadas arqueológicas estratificadas — e o peso do primeiro desabamento abaixava os cantos de minha boca, me deixava de braços caídos (LISPECTOR, 2014, p. 42).

Com a expressão metafórica "desabamento de cavernas calcárias subterrâneas", G.H. comunica a necessidade de se desconstruir, deixar sucumbir a mulher que sempre fora vítima da simulação.

As cavernas (objeto de estudo da espeleologia) são formações geológicas constituídas, majoritariamente, pelo processo erosivo do calcário. Essa rocha tem como substância química principal o carbono. Nesse caso, encontra-se na narrativa — assim como foi discutido, anteriormente, sobre a origem da vida e a origem da escrita ligadas ao carbono — um outro acontecimento que se inicia, e que a personagem relaciona ao carbono: a erosão da mulher estereotipada, metaforizada pelo desmoronamento da caverna calcária, decorrente da perturbação que irá conduzir à tomada de consciência: "[...] o que me acontecia? Nunca saberei entender mas há de haver quem entenda. E é em mim que tenho que criar esse alguém que entenderá" (LISPECTOR, 2014, p. 42).

A tomada de consciência de G.H.

Vários autores se dedicam à análise de um momento significativo na narrativa, impulsionador do percurso reflexivo da mulher G.H.: trata-se do conflito determinado pela aparição da barata. Dentre as compreensões que se tem sobre o tema, é substancial a leitura de Hélène Cixous (1999) quando discute a tensão entre o sujeito humano e não humano em *A paixão segundo G.H.*

Cixous (1999) equipara a protagonista ao inseto: o substantivo barata está no feminino, G.H. é mulher; ela irá percorrer sua minuciosa caminhada no quarto, assim como a barata chega imutável depois de cem mil anos nesse cômodo. Para isso,

> [...] não pode faltar um passo a essa caminhada senão tudo estará perdido, o sentido, o encontro, a revelação, não se deve saltar uma etapa nesse passo a passo que marca com passos que não são apenas passos humanos, mas também passos de barata, o destino Mulher. É pois com todas as patas que ela

> avança até a barata. Até a famosa cena imensa sobre a qual não se pode errar, a cena em que ela "leva à boca a barata" (CIXOUS, 1999, p. 189).

Partindo da reflexão da crítica argelina, é possível considerar essa questão simbólica como sendo um ato de revolta, pois G.H. percorre os passos da barata, que, nesse caso, representa "o destino da Mulher", e se ela tenta matá-la, conclui-se que ela queira destruir o destino imposto às mulheres desde a divisão sexual.

A fonte dessa divisão tem sua origem com o aparecimento da propriedade e das técnicas. "Senhor dos escravos e da terra, o homem torna-se também proprietário da mulher. Nisso consiste 'a grande derrota histórica do sexo feminino'. Ela se explica pelo transtorno ocorrido na divisão do trabalho" (BEAUVOIR, 1970, p. 74).

Mas a morte da mulher padronizada, impregnada de preconceitos e valores morais ocorrerá juntamente com o esmagamento do inseto, como se pode notar na seguinte passagem do texto:

> A pergunta era: o que matara eu? Essa mulher calma que eu sempre fora, ela enlouquecera de prazer? Com os olhos ainda fechados eu tremia de júbilo. Ter matado — era tão maior que eu, era da altura daquele quarto indelimitado. Ter matado abria a secura das areias do quarto até a umidade, enfim, como se eu tivesse cavado com dedos duros e ávidos até encontrar em mim um fio bebível de vida que era o de uma morte (LISPECTOR, 2014, p. 53).

Em virtude da origem judaica de Clarice Lispector, é significativo mencionar o que consta nos mandamentos (mitsvot) do judaísmo sobre a morte e a ingestão de insetos. Na Torá, estão registrados dois tipos de mitsvot: as 248 Mitsvot Positivas, e as 365 Mitsvot Negativas. Dentre estas, inclui-se a Mitsvá (mandamento) Negativa de número 176, que considera ilegal comer formigas, besouros, baratas, larvas, vermes ou tudo que rasteje, deslize sob ou sobre o solo.

De acordo com a literatura religiosa judaica, insetos, vermes e todas as criaturas rastejantes são consideradas "tamê", ou espiritualmente impuros, pela Torá, com poucas exceções. Quando precisar matá-los, a Torá aconselha a fazê-lo de maneira rápida e indolor.

Nesse caso, encontram-se duas contrariações à Torá, no romance. A primeira ocorre quando G.H. come a massa da barata, considerando esse ato um antipecado: "Só assim teria o que de repente me pareceu que seria o antipecado: comer a massa da barata é o antipecado, pecado seria a minha pureza fácil" (LISPECTOR, 2014, p. 174). A outra contrariação acontece, mesmo que ela não tenha a intenção, quando a personagem fecha a porta do armário sobre o corpo da barata, mas esta não morre imediatamente: "Foi aos poucos que percebi o que sucedera: eu não havia empurrado a porta com bastante força. Havia prendido, sim, a barata que já não poderia mais avançar. Mas deixara-a viva" (LISPECTOR, 2014, p. 53).

Ainda contrariando a Torá, a personagem diz:

> Para construir uma alma possível — uma alma cuja cabeça não devore a própria cauda — a lei manda que só se fique com o que é disfarçadamente vivo. E a lei manda que, quem comer do imundo, que o coma sem saber. Pois quem comer do imundo sabendo que é imundo — também saberá que o imundo não é imundo. É isso?

> "E tudo que anda de rastos e tem asas será impuro, e não se comerá."

> Abri a boca espantada: era para pedir um socorro. Por quê? por que não queria eu me tornar tão imunda quanto a barata? que ideal me prendia ao sentimento de uma ideia? por que não me tornaria eu imunda, exatamente como eu toda me descobria? O que temia eu? ficar imunda de quê?

> Ficar imunda de alegria (LISPECTOR, 2014, p. 73–74).

Partindo desse tema da morte e da vida, da morte da mulher subjugada (metaforizada pelo esmagamento da barata), e da vida que surge (nascimento da mulher que toma consciência de si), é importante destacar que à dissolução da mulher dominada integra-se a dissolução do patriarcado, ou seja, a destruição do inseto simboliza também o desbaratamento do homem que, nessa sociedade, é o dominador, detentor dos instrumentos de controle dos valores, da moral, e dos corpos.

Para G.H., "(na vida e na morte tudo é lícito, viver é sempre questão de vida — e — morte.) Com Deus a gente também pode abrir caminho pela violência. Ele mesmo, quando precisa mais especialmente de um de nós, Ele nos escolhe e nos violenta" (LISPECTOR, 2014, p. 160).

Não é possível destruir o patriarcado se posicionando de forma passiva e pacífica, é preciso potência para enfrentar o poder e a força do patriarcado, sistema social que, por séculos, diante da imposição e manutenção dos privilégios dos homens, desenvolveu mecanismos de relações de poder verticalizadas entre homens e mulheres, e papéis sociais determinados para ambos, nos quais muitos direitos femininos são anulados.

Enquanto Cixous (1999) elucida a comparação entre G.H. e o inseto, Nunes (1995) evidencia o papel que a barata desempenha na metáfora interior e espiritual da personagem narradora. Para o crítico, o inseto não tem nada de alegórico, ou seja, a transformação pela qual G.H. passa é acarretada por uma "barata real", um mero inseto doméstico.

> O confronto da personagem com o animal, e precisamente com um animal dessa espécie — cuja ancestralidade, que precedeu o surgimento da vida humana na Terra, a narrativa destaca — assinala a máxima oposição que engloba os demais contrastes expostos no relato de G.H., entre humano e não--humano, o natural e o cultural. Se o inseto do romance de Clarice Lispector nada possui de alegórico, é porém ambíguo o papel que ele desempenha no desmoronamento do sistema dentro do qual a narradora vivia (NUNES, 1995, p. 60).

Conforme analisa o crítico paraense, sob a aparência de uma vida tranquila, mundana, independente, situada no topo da hierarquia social, oculta-se uma vida secreta que a personagem conhece apenas de relance e que lhe vai ser revelada no momento do confronto. Retornando à obra em análise, o trecho a seguir resume bem essa situação de enfrentamento:

> Uma rapacidade toda controlada me tomara, e por ser controlada ela era toda potência. Até então eu nunca fora dona de meus poderes — poderes que eu não entendia nem queria entender, mas a vida em mim os havia retido para que um dia enfim desabrochasse essa matéria desconhecida e feliz e inconsciente que era finalmente: eu! eu, o que quer que seja (LISPECTOR, 2014, p. 52).

O animal inumano contraria o cotidiano organizado da personagem, desestabilizando o seu aparente equilíbrio sustentado pelo senso da ordem, da beleza e do bom gosto.

Nunes (1995, p. 61) ressalta que

> O confronto com a barata marca o início de uma ruptura não apenas com essa maneira de viver, mas com a engrenagem — com o sistema geral dos hábitos mundanos. Mediador de violenta e completa desorganização do mundo humano, o

animal exterioriza as forças traiçoeiras que solapam a esta-bilidade desse mundo e que desalojam G.H. do círculo da existência cotidiana.

O processo de desordem e desequilíbrio que avança no pequeno cômodo é impulsionado tanto por G.H. quanto pela barata. Diante do inseto, a personagem revela:

Ao esconder os olhos, eu escondia da barata a astúcia que me tomara — o coração me batia quase como numa alegria. É que inesperadamente eu sentira que tinha recursos, nunca antes havia usado meus recursos — e agora toda uma potência latente enfim me latejava, e uma grandeza me tomava: a da coragem, como se o medo mesmo fosse o que me tivesse enfim investido de minha coragem (LISPECTOR, 2014, p. 51).

Tanto para Cixous (1999) quanto para Nunes (1995), ambas estão na mesma condição, quando salientam que, no caso da narrativa em questão, o objeto (barata) apresenta-se como um sujeito em face de outro (G.H.); dessa forma, as duas ocupam um mesmo plano ontológico. "A descida na direção dessa existência impessoal produz-se como verdadeira ascese: a personagem desprende-se do mundo e experimenta, após gradual redução dos sentidos, das representações e da vontade, a perda do *eu*" (NUNES, 1995, p. 63).

Associando a experiência de G.H. ao ideal ascético, Nunes (1995, p. 64) assevera que a personagem "chega à mudez de sua natureza e ao vazio do aniquilamento". Porém, segundo o autor, essa experiência de desapossamento do *eu* não avança, uma vez que a mulher ingere a massa da barata para selar um estado de união, mas o nojo e o desprezo pelo inseto (tido aqui como sujeito), demonstrados por G.H., apontam que ela se afasta de seu mundo e, pela repugnância à barata, volta à normalidade do cotidiano.

A partir dessa condição de repulsa opera-se no curso da narrativa uma profunda ruptura baseada no princípio fundamental do existencialismo, trazido por Søren Kierkegaard (2010): a escolha. G.H. opta pela existência, negando o essencialismo presente no percurso constituído pela ascese, *negação do querer viver* (SCHOPENHAUER, 1956) e, no lugar, afirma a *vontade de poder* (NIETZSCHE, 2008).

Na reflexão ascética, em que a ingestão da barata coloca G.H. de frente para a negação do eu/outro da existencialidade para se alcançar a trans-cendência e a essência das coisas, contrariamente a postura existencialista inverte o mecanismo ascético, em que o hedonismo é produto da escolha no sentido kierkegaardiano e sartriano, conduzindo à superação da angústia pela vontade de viver.

O percurso existencial afirma a existência e a imanência como condição conjunta da essência, na busca da transcendência. Um não anula o outro. Desse modo, depois de ingerir a massa branca do inseto, a personagem não recai novamente na sua condição cotidiana, nem escolhe a ascese essencialista, mas busca uma outra transcendência, agora imanente-transcendente existencial. O excremento consumido do inseto representa aqui o cotidiano padronizado e tedioso vivido pela personagem até então. Comê-lo funciona como aniquilamento desse modelo de vida.

Onfray (2010, p. 60) desenvolveu críticas ao ideal ascético, herdado da tradição judaico-cristã, afirmando que a mulher é a principal vítima dessa lógica que legitima a aniquilação dos prazeres. Conforme o autor, "um dos pilares dessa máquina de produzir eunucos, virgens, santos, mães e esposas em quantidade se efetua sempre em detrimento do feminino na mulher. Ela é a primeira vítima desse antierotismo, culpado de tudo nesse terreno".

Nesse contexto, a concepção da barbárie natural está para o homem como espelho que reflete a ideia de civilização, que, para ele, é o dispositivo que neutraliza o seu oposto, os artifícios culturais do feminino, ou seja, a natureza anticivilizatória. O masculino e seu instrumento ascético estão para o civilizado assim como o feminino está para a cultura e seus artifícios hedonistas. A natureza para a mulher é cultural, não é domesticável; a natureza para o homem é civilizatória, domesticadora (ONFRAY, 2010).

Essa discussão, desenvolvida por Onfray, se aproxima das palavras de G.H., quando esta declara:

> **É que eu não estava mais me vendo, estava era vendo. Toda uma civilização que se havia erguido, tendo como garantia que se misture imediatamente o que se vê** com o que se sente, toda uma civilização que tem como alicerce o salvar-se — pois eu estava em seus escombros. Dessa civilização só pode sair quem tem como função especial a de sair: a um cientista é dada a licença, a um padre é dada a permissão. Mas não a uma mulher que nem sequer tem as garantias de um título (LISPECTOR, 2014, p. 62).

Em outro fragmento da narrativa, a personagem demonstra querer transgredir o projeto civilizatório que até então havia impedido, devido à sua constante imersão no "reino no capricho", de desenvolver a consciência no processo de construção de si:

ESTILHAÇOS DE PAIXÃO E BELEZA: A TOMADA DE CONSCIÊNCIA EM *A PAIXÃO SEGUNDO G.H.* (1964), DE CLARICE LISPECTOR, E *LES BELLES IMAGES* (1966), DE SIMONE DE BEAUVOIR

> De repente era isso. Eu estava entendendo que "pedir" eram ainda os últimos restos de um mundo apelável que, mais e mais, se estava tornando remoto. E se eu continuava a querer pedir era para ainda me agarrar aos últimos restos de minha civilização antiga, agarrar-se para não me deixar ser arrastada pelo que agora me reivindicava. E ao quê — num gozo sem esperança — eu já cedia, ah eu já queria ceder — ter experimentado já era o começo de um inferno de querer, querer, querer... a minha vontade de querer era mais forte do que a minha vontade de salvação? Cada vez mais eu não tinha o que pedir. E via, com fascínio e horror, os pedaços de minhas pobres roupas de múmia caírem secas no chão, eu assistia à minha transformação de crisálida em larva úmida, as asas aos poucos encolhiam-se crestadas. E um ventre todo novo é feito para o chão, um ventre novo renascia (LISPECTOR, 2014, p. 75–76).

Durante a trajetória percorrida por G.H., que a leitora e o leitor acompanham desde o momento que antecede a sua entrada no quarto da empregada até o término de sua reflexão existencial, verificam-se discussões concernentes ao projeto hedonista, como se pode notar nas seguintes passagens: "[...] o tempo presente não suspeita sequer no deserto nu, a orgíaca festa de ciganos. Onde, reduzidos a pequenos chacais, nós nos comemos em riso. Em riso de dor — e livres" (LISPECTOR, 2014, p. 94).

> Eu entrava na orgia do sabath. Agora sei o que se faz no escuro das montanhas em noites de orgia. Eu sei! sei com horror: gozam-se as coisas.

> Frui-se a coisa de que são feitas as coisas — esta é a alegria crua da magia negra. Foi desse neutro que vivi — o neutro era o meu verdadeiro caldo de cultura. Eu ia avançando, e sentia alegria do inferno. E o inferno não é a tortura da dor! é a tortura de uma alegria (LISPECTOR, 2014, p. 77).

> A tentação do prazer. A tentação é comer direto na fonte. A tentação é comer direto na lei. E o castigo é não querer mais parar de comer, e comer-se a si próprio que sou matéria igualmente comível. E eu procurava a danação como uma alegria. Eu procurava o mais orgíaco de mim mesma. Eu nunca mais repousaria: eu havia roubado o cavalo de caçada de um rei da alegria. Eu era agora pior do que eu mesma Nunca mais repousarei: roubei o cavalo de caçada do rei do sabath. Se adormeço um instante, o eco de um relincho me desperta. E é inútil não ir (LISPECTOR, 2014, p. 97).

Retomando a discussão acerca do caráter primitivo, selvagem, hedonista no feminino, trazido pelo romance em análise, é imprescindível destacar a relevância que o antropólogo Eduardo Viveiros de Castro confere ao pensamento lispectoriano, justamente por partir dele também a discussão antropológica dessas questões sob forte influência no pensamento de Clarice. Em entrevista concedida à revista *Primeiros Estudos*, Castro (2012, p. 263) diz:

> Penso que autores como Oswald de Andrade ou Guimarães Rosa ou Clarice Lispector ou outros grandes pensadores brasileiros [...] estão ocupados em desenvolver um pensamento não conceitual, mas que possui a potência de suscitar conceitos, de forçar a filosofia a produzir os conceitos adequados para essas, neste caso literalmente, experiências de pensamento que são todos os escritos de Oswald, que são o Grande sertão [veredas], o Meu tio, o iarauetê, a Paixão segundo G.H., o Perto do coração selvagem...

Nessa experiência de pensamento de Lispector, elaborada em *A paixão segundo G.H.*, encontram-se fragmentos que coadunam com a noção de perspectivismo ameríndio desenvolvida por Viveiros de Castro e Tânia Stolze Lima (MACIEL, 2019).

Nesse caso, é possível notar a relação estabelecida no romance entre a unidade da alma entre G.H. e a barata, e a diversidade de seus corpos, na qual reescrevem a concepção de humanidade fora do modelo ocidental, mas uma humanidade construída pelos corpos, integrando a natureza ao cultural, sem hierarquias, elevando o multinaturalismo para o debate entre seres e corpos, em que *a cultura é o fundo comum de uma multiplicidade de naturezas*, igualando a presença ontológica do ser G.H. ao ser barata, pela diferença de seus corpos.

Sobre essa postura que iguala o ser humano à natureza selvagem, e a presença do primitivo na literatura de Clarice Lispector, Assis Brasil (1969) e Bernadete Pasold (1987) identificam o veio da filosofia primitivista na obra da escritora brasileira, que revela, em seus romances, o valor atribuído à vida em sua essência e a percepção de que o importante é estar vivo, dando ênfase às sensações do corpo.

O caminho percorrido pelo feminino em seu processo de tomada de consciência perpassa pela noção de natureza como cultura para a liberdade hedonista, não ao contrário, pelo sistema masculino da anulação da natureza pela cultura para a ascese ocidental moderna da domesticação. Desse modo, a relação estabelecida no romance entre a mulher e a barata advém de uma condição cosmopolítica, usando a expressão de Viveiros de Castro (2018, p. 43), para quem "a 'cultura' ou o sujeito seriam aqui a forma do universal, a 'natureza' ou o objeto, a forma do particular".

Em conferência intitulada *As três fontes de resistência ao perspectivismo*, feita durante o encerramento do seminário *Variações do corpo selvagem: Eduardo Viveiros de Castro, fotógrafo*, ele inicia sua fala com epígrafes retiradas de trechos de *A paixão segundo G.H.* e que, para ele, resumem, "de certa maneira, como o perspectivismo é uma virtualidade do pensamento que alguns povos e algumas pessoas conseguiram exprimir de maneira particularmente cortante, particularmente eloquente" (CASTRO, 2018). As epígrafes citadas são uma colagem destas duas passagens do romance:

> Tudo olha para tudo, tudo vive o outro, neste deserto as coisas sabem as coisas (LISPECTOR, 2014, p. 65).

> [...] não sei o que uma barata vê. Mas ela e eu nos olhávamos, e também não sei o que uma mulher vê. [...] No mundo primário onde eu entrava, os seres existem os outros como modo de verem. [...] Há vários modos que significam ver: um olhar o outro sem vê-lo, um possuir o outro, um comer o outro, um apenas estar num canto e o outro estar ali também: tudo isso também significa ver. [...] A barata não me via com os olhos mas com o *corpo* (LISPECTOR, 2014, p. 77, grifo nosso).

O mergulho que ela faz dentro de si é concomitante ao aprofundamento da reflexão e do reconhecimento do outro. Assim como G.H. legitima a apreciação que tem por Janair, ela também o faz pela barata, igualando os seres ou o espírito em mesmo patamar, mas com corpos e natureza diferentes, conforme é constituída a metafísica multinaturalista do perspectivismo. "Estou somente amando a barata. E é um amor infernal" (LISPECTOR, 2014, p. 122).

> Através da profunda ausência de riso da barata, eu percebia a sua ferocidade de guerreiro. Ela era mansa mas sua função era feroz. Eu sou mansa mas minha função de viver é feroz. Ah, o amor pré-humano me invade (LISPECTOR, 2014, p. 123).

Pode-se considerar esse último excerto do romance como outro segmento concordante com a noção de perspectivismo, no que tange à economia simbólica da alteridade, elaborada por Tânia Lima (1996) e Viveiros de Castro (1996), pois, nesse caso, além de apreciar a natureza selvagem da barata (ferocidade de guerreiro), G.H. se coloca na mesma condição que o inseto (ambas são mansas e ferozes). Isso ilustra a forma como o multinaturalismo perspectivista entende a humanidade:

> A condição compartilhada por humanos e animais não é a animalidade [...], mas a humanidade. A humanidade à qual o perspectivismo ameríndio se refere não é a da noção de espécie humana [*humankind*], mas a da condição reflexiva de sujeito [*humanity*] (MACIEL, 2019, p. 1).

Há uma relação entre a personagem tomar consciência e a sua imersão no terreno do primitivo. O projeto primitivista discutido pelo filósofo Zerzan (2007, 2016) faz parte da epistemologia do sul que se vincula à abordagem do selvagem relida pela dimensão antropológica recente do perspectivismo. Esse projeto, por sua vez, contribui para uma melhor compreensão do pensamento proposto por Lispector no romance em evidência, em virtude de o texto ficcional tencionar reflexão acerca do corpo selvagem e o abandono do projeto ocidental civilizatório. G.H. avança nas reflexões acerca da possibilidade de o sujeito encontrar um outro lugar, uma outra condição existencial que reivindica a liberdade irrestrita e suprime todas as formas de objetivação e alienação. Encontra-se no discurso de G.H. uma intensa afeição pelo primitivo, como se pode observar nas seguintes passagens:

> O mundo havia reivindicado a sua própria realidade, e, como depois de uma catástrofe, a minha civilização acabara: eu era apenas um dado histórico. Tudo em mim fora reivindicado pelo começo dos tempos e pelo meu próprio começo. Eu passara a um primeiro plano primário, estava no silêncio dos ventos e na era de estanho e cobre — na era primeira da vida (LISPECTOR, 2014, p. 52).

> Com o desmoronamento de minha civilização e de minha humanidade — o que me era um sofrimento de grande saudade — com a perda da humanidade, eu passava organicamente a sentir o gosto da identidade das coisas (LISPECTOR, 2014, p. 77).

Toda a compreensão do pensamento anticivilização que se verifica nos excertos anteriores e em demais trechos da obra compõe a negação do projeto das epistemologias ocidentais dominantes. O paradigma anticivilização faz parte do movimento de desobediência epistêmica, para usar terminologia de Walter Mignolo (2010), muito presente nos meios acadêmicos libertários da atualidade, mas que tem sua gênese no pensamento nietzscheano e sua fundamentação no nascente círculo frankfurtiano, caso de *Eros e civilização*, de Herbert Marcuse (1983), no qual, consequentemente, Clarice se inspirou para produzir sua obra. Sobre a abordagem filosófica que a corrente primitivista traz, Zerzan (2016, p. 23) afirma que "uma documentação crescente da pré-história humana como um longo período de vida não alienada permanece em agudo contraste com o crescente fracasso da insustentável modernidade".

A insatisfação da protagonista com a vida objetificada conduz à elaboração de um pensamento que desmistifica um modelo de sociedade vinculado ao princípio civilizatório ocidental. Esse modelo está sustentado nos valores de uma sociedade moderna urbano-industrial e é marcado profundamente pela ideia de mediação técnica instrumental, em que as relações sociais constantemente se fazem através da reprodutibilidade, para usar aqui um termo de Walter Benjamin (2012), da objetificação, mercadorização e dominação, através de aparelhos ideológicos condicionadores. A tomada de consciência é justamente a contestação insurgente contra essa cosmologia do condicionamento domesticador; em síntese, é o retorno ao primitivo, o que desregulamenta a *doxa* da domesticação alienante. Antes dela, "a existência humana decorria essencialmente entre o ócio, repousando na intimidade com a natureza e na sabedoria sensual, fonte da igualdade entre os sexos e na boa saúde corporal" (ZERZAN, 2007, p. 26).

Além da afeição pelo primitivo, verifica-se, no transcurso da narrativa em destaque, o debate sobre outro tema que integra o pensamento filosófico selvagem: o processo de desaprendizagem. A ideia de desaprendizagem em Zerzan aparece como a busca por uma antropologia utópica que retorna a um lugar de igualdade e liberdade plena. Para isso, é preciso negar a verdade, ou as verdades absolutas da cultura simbólica, abandonando o aprendizado do modelo civilizatório que domestica, para reaprender a ser selvagem novamente.

Nesse contexto, vale ressaltar algumas elucubrações feitas pela personagem:

> Mas eu sempre tivera medo de delírio e erro. Meu erro, no entanto, devia ser o caminho de uma verdade: pois só quando erro é que saio do que conheço e do que entendo. Se a "verdade" fosse aquilo que posso entender — terminaria sendo apenas uma verdade pequena, do meu tamanho (LISPECTOR, 2014, p. 83).

> — Ah, não sei como te dizer, já que fico eloquente quando erro, o erro me leva a discutir e a pensar (LISPECTOR, 2014, p. 107).

> Sei que estou indo para alguma coisa que dói porque estou perdendo outras [...]. Disso tudo, quem sabe, poderá nascer

> um nome! um nome sem palavra, mas que talvez enraíze a verdade na minha formação humana (LISPECTOR, 2014, p. 109).

> Só parei na minha fúria quando compreendi com surpresa que estava desfazendo tudo o que laboriosamente havia feito, quando compreendi que estava me renegando. E que, ai de mim, eu não estava à altura senão de minha própria vida (LISPECTOR, 2014, p. 125).

Ainda abordando o tema da desaprendizagem, mas agora por um outro enfoque — também importante —, é necessário ressaltar aqui um debate substancial feito por Gilles Deleuze e Félix Guattari, acerca da desconstrução da organização humana no corpo para a produção da singularidade.

Eles se dedicam ao desenvolvimento da compreensão do *Corpo sem Órgãos* (CsO), na obra *Mil platôs* (DELEUZE; GUATTARI, 1996) e *Anti-Édipo* (DELEUZE; GUATTARI, 2010), e refutam alguns postulados da psicanálise, já que ela, segundo os autores, está do lado do capitalismo, conduzindo os indivíduos a se encaixarem no projeto de colonização da mente e dos corpos.

Regina Schöpke (2017) busca analisar a espessura das dimensões contidas na abordagem do Corpo sem Órgãos, destacando o desafio de se desconstruir o corpo criado para a docilidade e preso no campo social da obediência, e que possa chegar ao devir-intenso, ao devir-animal e ao devir-imperceptível, nesse caso usando a conceituação dada por Deleuze e Guattari (1997), no volume 4 de *Mil platôs*. "Trata-se de um 'grito orgânico' do homem contra toda transcendência opressora. Trata-se de uma rebelião do próprio ser, que deseja a todo custo libertar a vida que se encontra aprisionada nele" (SCHÖPKE, 2017, p. 287).

A experimentação de que falam os pensadores pós-estruturalistas é desenvolvida por G.H. num momento da narrativa no qual ela também perpassa pelo conceito nietzscheano de inumano (NIETZSCHE, 2012) que, por sua vez, é mencionado por Deleuze (1992, p. 21). Para ele:

> O problema não é ser isto ou aquilo no homem, mas antes o de um devir inumano, de um devir universal animal: não tomar-se por um animal, mas desfazer a organização humana do corpo, atravessar tal ou qual zona de intensidade do corpo, cada um descobrindo as suas próprias zonas, e os grupos, as populações, as espécies que o habitam.

G.H., de igual modo ao projeto do CsO, quer usar o seu corpo "em prol da vida, da sua afirmação, da multiplicação dos afetos, em benefício da alegria. Só esse pode ser chamado de CsO pleno" (SCHÖPKE, 2017, p. 290). Nesse processo de transmutação atravessado pela personagem ela contesta suas sensações de estabilidade e de segurança, reivindicando liberdade do corpo e potência de vida:

> Estar vivo é uma grossa indiferença irradiante. Estar vivo é inatingível pela mais fina sensibilidade. Estar vivo é inumano — a meditação mais profunda é aquela tão vazia que um sorriso se exala como de uma matéria. E ainda mais delicada serei, e como estado mais permanente. [...] Sinto que "não humano" é uma grande realidade, e que isso não significa "desumano", pelo contrário: o não humano é o centro irradiante de um amor neutro em ondas hertzianas. [...] E não caminharei "de pensamento a pensamento", mas de atitude a atitude. Seremos inumanos — como a mais alta conquista do homem. Ser é além do humano. Ser homem não dá certo, ser homem tem sido um constrangimento. O desconhecido nos aguarda, mas sinto que esse desconhecido é uma totalização e será a verdadeira humanização pela qual ansiamos. Estou falando de morte? não, da vida. Não é um estado de felicidade, é um estado de contato (LISPECTOR, 2014, p. 128–129).

G.H. desenvolve um embate contra os valores morais e metafísicos do projeto racionalista moderno. Ao trazer à tona a discussão de inumano, de igual forma realizado por Nietzsche (2012), a negação do princípio moral do humano constitucionalmente elaborado pela metafísica iluminista, ela confronta os pilares que sustentam os valores judaico-cristãos e seu projeto teológico do ideal humano eurocêntrico. Quando a personagem propõe o inumano como algo que não se restringe ao desumano, ela nega a metafísica etnocêntrica do racionalismo iluminista "do homem ideal", e em seu lugar, afirma o hedonismo (o amor neutro) e a comunhão *senciente* de todos os seres, inclusive da barata, transcendência do que se compreende como humano. Este, não é tomado como humanismo ou certa parcela da humanidade, com classe, raça, gênero e etnia únicas, para além das fronteiras erguidas na Europa moderna.

Dando vazão a essa trajetória contra-hegemônica do pensamento, novamente com base em Deleuze, este traz à tona uma contrafilosofia em que contesta o pensamento moderno e seus códigos civilizatórios. Segundo Aristeu Mascarenhas (2009), Deleuze elabora uma filosofia livre de pressupostos, estabelecendo crítica ao pensamento de Descartes, Kant e Husserl, criadores de *cogitos*. O objetivo da filosofia deleuziana é "se desvencilhar de uma imagem dogmática do pensamento através de uma verdadeira crítica, abrindo assim, espaço para uma legítima criação de conceitos" (MASCARENHAS, 2009, p. 97).

No texto intitulado *A imanência: uma vida...*, Deleuze (2012) retoma dois temas fundamentais de sua obra: o sentido do transcendental e o conceito de imanência. Nesse artigo, ele recorre ao último romance de Dickens, *O amigo comum*, para comunicar a maneira como vê o campo transcendental: "O que é a imanência? Uma vida... Ninguém melhor que Dickens narrou o que é uma vida, ao considerar o artigo indefinido como índice transcendental" (DELEUZE, 2002, p. 12).

Deleuze (2002, p. 14) diz que

> [...] os indefinidos de uma vida perdem toda indeterminação na medida em que eles preenchem um plano de imanência ou, o que vem a dar estritamente no mesmo, constituem os elementos de um campo transcendental (a vida individual, ao contrário, continua inseparável das determinações empíricas). O indefinido como tal não assinala uma indeterminação empírica, mas uma determinação de imanência ou uma determinabilidade transcendental.

Considerando a narrativa em evidência como um texto filosófico, é relevante ressaltar uma questão desenvolvida por Deleuze e que é notável no discurso clariciano. Mascarenhas (2009, p. 104–105) destaca que

> [...] o plano de imanência aparece como "suporte" dos conceitos e os conceitos aparecem como aquilo que "ladrilha" o plano. É todo um construtivismo se insinuando nessa ideia deleuziana: *criar conceito e traçar um plano*. Assim, contra uma *imagem do pensamento* **já antes denunciada como dogmática, e que subsumia o ato de pensar no próprio pensamento a partir de uma identidade estabelecida entre** *ser e pensamento*, [...]: o plano de imanência onde é possível ver toda a elasticidade dos conceitos criados, mas só à custa da fluidez do meio que este "povoa".

ESTILHAÇOS DE PAIXÃO E BELEZA: A TOMADA DE CONSCIÊNCIA EM *A PAIXÃO SEGUNDO G.H.* (1964), DE CLARICE LISPECTOR, E *LES BELLES IMAGES* (1966), DE SIMONE DE BEAUVOIR

No pensamento clariciano desenvolvido em *A paixão segundo G.H.*, verifica-se uma relação intrínseca entre transcendência e imanência, no que tange ao processo de tomada de consciência. A autora não se coloca como pretendente da verdade ao elaborar e discutir conceitos, assim como os filósofos da diferença e da desconstrução, movimento que ganhou força após a morte de Clarice.

A obra de Lispector está permeada pelo contexto intelectual do existencialismo, porém dialoga fortemente com o movimento da desconstrução, que sucede o existencialismo. Por exemplo, a relação intrínseca imanente-transcendente e o debate do corpo, temas centrais do movimento pós-estruturalista, estão profundamente presentes no romance lispectoriano em análise. Isso denota o vínculo epistemológico da romancista transitando entre o existencialismo (ligado mais aos primeiros romances, como *Perto do coração selvagem*) e as correntes em processo de consolidação e disputa de espaço diante do hiato deixado pelo existencialismo, isto é, as filosofias da diferença e da desconstrução.

A tomada de consciência se manifesta, justamente, n'*A paixão segundo G.H.* através do processo de desconstrução operado pela protagonista, nos planos existencial, moral, social e de gênero, atravessando esse percurso, metaforizado pelo deserto, numa travessia imanente de emancipação de si, conforme pode ser notado nos trechos do romance citados a seguir:

> Ouve, por eu ter mergulhado no abismo é que estou começando a amar o abismo de que sou feita. A identidade pode ser perigosa por causa do intenso prazer que se tornasse apenas prazer. Mas agora estou aceitando amar a coisa! E não é perigoso, juro que não é perigoso (LISPECTOR, 2014, p. 156).

> Falta apenas o golpe da graça — que se chama paixão. O que estou sentindo agora é uma alegria. Através da barata viva estou entendendo que também eu sou o que é vivo. Ser vivo é um estágio muito alto, é alguma coisa que só agora alcancei. É um tal alto equilíbrio instável que sei que não vou poder ficar sabendo desse equilíbrio por muito tempo — a graça da paixão é curta (LISPECTOR, 2014, p. 183).

O processo de tomada de consciência é alegorizado diante da figura da travessia, percurso esse de depuração de transformação profunda intersubjetiva. Olga de Sá (1993), em *Clarice Lispector: a travessia do oposto*, dedica o capítulo "Paralelismo **b**íblico e paradoxo" **à análise de** *A paixão segundo G.H.*, em que ressalta a relevância do conceito filosófico discutido anteriormente — imanência — para a elaboração do romance no que se vincula ao percurso de travessia: "A paixão segundo G.H. foi o sofrido resultado das pesquisas pessoais de Clarice, na direção da imanência. Uma agoniada travessia. 'Viver é difícil'" (SÁ, 1993, p. 141).

Conforme diz Sá (1993), esse romance se estrutura com o emprego de dois recursos: o paralelismo bíblico e o paradoxo. O primeiro proporciona o aumento vertical da matéria do discurso ou pensamento, resultando num alargamento horizontal da expressão. "Já o paradoxo intelectual verifica-se na matéria, mas também como fenômeno de estranhamento, e portanto, de invenção e criação artística" (SÁ, 1993, p. 144).

Para Sá (2000), em *A escritura de Clarice Lispector*, G.H. tem como missão secreta assumir a própria mudez por meio de uma travessia, a *via--crúcis* do homem. No romance em análise são ditas as seguintes palavras: "É exatamente através do malogro da voz que se vai pela primeira vez ouvir a própria mudez e a dos outros e a das coisas, e aceitá-la como possível linguagem" (LISPECTOR, 2014, p. 187).

Ela, a protagonista, sobe até o topo de sua despersonalização e, desse cume, sofre uma queda penosa que a leva ao processo de deseroização:

> A deseroização é o grande fracasso de uma vida. Nem todos chegam ao fracassar porque é tão trabalhoso, é preciso antes subir penosamente até enfim atingir a altura de poder cair — **só posso alcançar a** despersonalidade da nudez se eu antes tiver construído toda uma voz (LISPECTOR, 2014, p. 187).

A tomada de consciência para a personagem é desencadeada pelo desenraizamento do *ethos* burguês. G.H. se desenraiza e desenraiza o verbo:

> Ah, mas para chegar à mudez, que grande esforço da voz. Minha voz é o modo como vou buscar a realidade; a realidade, antes de minha linguagem, existe como um pensamento que não se pensa, mas por fatalidade fui e sou impelida a precisar saber o que o pensamento pensa. A realidade antecede a voz que procura, mas como a Terra antecede a árvore, mas como o mundo antecede o homem, mas como o mar antecede a visão do mar, a vida antecede o amor, a matéria do corpo antecede o corpo, e por sua vez a linguagem um dia terá antecedido a posse do silêncio (LISPECTOR, 2014, p. 188).

Para chegar à mudez, ela assume ter feito grande esforço a voz; para alcançar o momento de queda, afirma que suas civilizações foram necessárias para que ela subisse e tivesse um ponto de onde descer; ou seja, foi necessário um esvaziamento de seus valores utilitaristas para que ela, em imanência, atingisse o ponto de, em si, se reconhecer.

A pré-tomada de consciência de Laurence

Buscando desenvolver a análise da pré-tomada de consciência no romance *Les belles images*, é preciso partir das inquietações manifestadas por Laurence, principalmente aquelas que a levaram a contestar seu destino de mulher fadada a ser apenas uma bela imagem. Esse modelo de mulher foi elaborado e reproduzido pelos códigos do patriarcado.

Laurence "é destinada a repetir o discurso autoritário que ela assimilou, o discurso do pai" (KOSKI, 1992, p. 56). Fica evidente que ela absorveu essa ideologia autoritária e a reproduz durante os três primeiros capítulos, e que somente no quarto e último capítulo é que a personagem toma consciência, compreendendo sua potência e sua liberdade para tomar decisões, sabendo que pode mudar a direção outrora traçada pelo patriarcado.

Para Koski (1992), a tomada de consciência de Laurence está ligada ao processo gradual de dialogização, pelo qual passa o seu discurso. A autora identifica dois elementos em *Les belles images* que são discutidos por Mikhail Bakhtin (2005), em *Problemas da poética de Dostoiévski*: a bivocalidade e a carnavalização.

Conforme José Luiz Fiorin (2006), existem dois conceitos de dialogismo: o constitutivo, quando o enunciado do outro não aparece no fio do discurso; e o composicional, em que há a "incorporação pelo enunciador da (s) voz (es) do outro no enunciado" (FIORIN, 2006, p. 32). Nessa última relação, o enunciado apresenta duas maneiras de inserção no fio discursivo. "Uma, em que o discurso alheio é abertamente citado e nitidamente separado do discurso citante, é o que Bakhtin chama de discurso objetivado" (FIORIN, 2006, p. 33). Nesse caso, existem, entre outros, os procedimentos do "discurso direto, discurso indireto, aspas, negação" (FIORIN, 2006, p. 33). Pode-se mencionar, a título de exemplo, a seguinte passagem de *Les belles images*:

> Dominique conserva portanto uma vaga esperança. Muito fraca. No domingo em Feuverolles, ela ficou fechada no quarto pretextando uma dor de cabeça, arrasada com a ausência de Gilbert, pensando: "Não virá nunca mais." Ao telefone — ela me telefona todos os dias — faz um retrato dele tão hediondo que custo a compreender como ela pôde gostar dele: arrogante,

> narcisista, sádico, egoísta ao extremo, sacrificando todos ao seu conforto e às suas manias. Outras vezes ela elogia sua inteligência, sua força de vontade, o brilho dos seus sucessos e afirma: "Voltará para mim." Hesita quanto à tática a seguir: carinho ou violência? O que ela vai fazer no dia em que Gilbert lhe confessar tudo? Matar-se; matar? Não posso imaginar nada. Só conheci Dominique triunfante[47] (BEAUVOIR, 1989, p. 57, grifo nosso).

Em se tratando do discurso objetivo nesse trecho, o uso do discurso direto e do indireto é uma estratégia discursiva utilizada para demarcar o discurso da personagem-narradora e o de Dominique. Nesse caso, como propõe Bakhtin (2005), há uma objetivação que produz uma certa distância entre as duas vozes. A reprodução da fala de Dominique através do discurso direto dá a impressão de que ela está pensando ou falando diante da leitora, e não de que sua fala está sendo reproduzida por Laurence.

Laurence descreve a maneira como Dominique vê Gilbert. Primeiramente, esta reprova o egoísmo extremo do ex-marido, que sacrifica a todos para manter sua posição social e seus luxos. Mas logo o elogia, mostrando que não tem uma opinião formada sobre Gilbert., o que faz crer que Dominique não segue uma posição fixa e negativa quanto ao caráter dele porque ela tem interesses financeiros com essa relação.

No fragmento anterior, Laurence demonstra não conseguir emitir opinião pessoal sobre o conflito entre sua mãe e Gilbert, pois além de apresentar os fatos por meio das declarações de Dominique, ainda afirma, concluindo, que, com relação ao assunto, não pode imaginar nada. A falta de subjetividade de Laurence fica evidente por efeito do discurso objetificado presente no texto, no qual as vozes das personagens são claramente demarcadas.

A outra forma de inserir o discurso do outro no enunciado é por meio do discurso "bivocal, internamente dialogizado, em que não há separação muito nítida do enunciado citante do citado" (FIORIN, 2006, p. 33). Nesse caso, pode-se mencionar como exemplo a seguinte sequência:

---

[47] "Dominique garde donc un vague espoir. Bien vacillant. Dimanche à Feuverolles, elle est restée enfermée dans sa chambre en prétextant un mal de tête, ravagée par l'absence de Gilbert, pensant 'Il ne viendra plus jamais.' Au téléphone — elle me téléphone tous les jours — elle me le peint en traits si hideux que je comprends mal comment elle a pu tenir à lui: arrogant, narcissiste, sadique, farouchement égoïste, sacrifiant tout le monde à son confort et à ses manies. D'autres fois elle me vante son intelligence, sa force de volonté, l'éclat de ses réussites et elle affirme: 'Il me reviendra.' Elle hésite sur la tactique à suivre: douceur ou violence? Qu'est-ce qu'elle fera le jour — bientôt — où Gilbert lui avouera tout? Se tuer; tuer? Je ne peux rien imaginer. Je n'ai connu Dominique que triomphante" (BEAUVOIR, 2015, p. 72).

ESTILHAÇOS DE PAIXÃO E BELEZA: A TOMADA DE CONSCIÊNCIA EM *A PAIXÃO SEGUNDO G.H.* (1964), DE CLARICE LISPECTOR, E *LES BELLES IMAGES* (1966), DE SIMONE DE BEAUVOIR

> De repente indiferente, distante, como se não fosse parte deles. A sua depressão de há cinco anos atrás, já lhe explicaram; muitas jovens mulheres atravessam esse tipo de crise; Dominique lhe aconselhou que saísse de casa, que trabalhasse, e Jean-Charles concordou quando viu o quanto eu ganhava. Agora não tenho razão para estourar. Tenho sempre trabalho pela frente, pessoas ao meu redor, estou feliz com a minha vida. Não, nenhum perigo. É apenas uma questão de humor. Aos outros também, tenho certeza que acontece muito e não fazem drama por isso[48] (BEAUVOIR, 1989, p. 16, grifo nosso).

Trata-se aqui de uma passagem do texto na qual as vozes se fundem, sem a utilização das marcas formais, mas, mesmo assim, são facilmente identificadas pelas pessoas do discurso (terceira e primeira pessoa, respectivamente). Nota-se claramente que a primeira parte é uma fala do narrador heterodiegético, e que o segundo trecho, sublinhado, é um discurso de Laurence.

Pela voz do narrador, tem-se a informação de como as pessoas próximas a Laurence lidam com a crise de depressão pela qual ela passou. Elas normalizam o problema e passam a impressão de que o transtorno é prevalente nas mulheres. Para que sua filha se recupere, Dominique aconselha o trabalho como saída, como solução. Mas se sabe que a superação de uma sociedade patriarcal não perpassa somente pelo direito ao trabalho e aos demais direitos sociais, dado que a emancipação da mulher é um processo mais complexo, e está ligada ao combate de todas as formas de dominação: gênero, classe e raça.

No século XIX e início do XX, a luta feminista se concentrava na conquista do direito da mulher ao voto. No contexto histórico vivido por Laurence, o enfrentamento se deu pela igualdade jurídica e social, pela liberdade do corpo, libertação sexual, e a ruptura com os códigos de controle advindos do matrimônio e do patriarcado. Os anos de 1960 foram o auge da contestação a esses padrões misóginos pretéritos, e o surgimento de um novo modelo de sociedade determinado pela busca ilimitada da emancipação feminina, desestabilizando as velhas barreiras milenarmente erguidas e conservadas pelos mecanismos de dominação masculina.

---

[48] "Soudain indifférente, distante, comme si elle n'était pas des leurs. Sa dépression d'il y a cinq ans, on la lui a expliquée; beaucoup de jeunes femmes traversent ce genre de crise; Dominique lui a conseillé de sortir de chez elle, de travailler et Jean-Charles a été d'accord quand il a vu combien je gagnais. Maintenant je n'ai pas de raison de craquer. Toujours du travail devant moi, des gens autour de moi, je suis contente de ma vie. Non, aucun danger. C'est juste une question d'humeur. Les autres aussi, je suis sûre que ça leur arrive souvent et ils n'en font pas une histoire" (BEAUVOIR, 2015, p. 19).

A protagonista, assim como aqueles que com ela convivem, naturaliza o discurso machista, banaliza a depressão, ameniza a gravidade da doença, e transforma uma questão particular sua num problema comum.

Outra questão desenvolvida por Bakhtin (2005), e que se faz presente na configuração discursiva do texto, é o diálogo interior. Laurence empreende diálogos consigo mesma no decorrer do romance, se questionando, refletindo sobre si:

> Por que existimos? Não é meu problema. Existimos. Tratar de não prestar atenção, tomar o impulso, seguir em frente até a morte. o impulso se quebrou há cinco anos atrás. Eu quiquei. Mas o tempo demora a passar. A gente cai outra vez. Meu problema é aquele desmoronamento de tempos em tempos, como se houvesse uma resposta à pergunta de Catherine, uma resposta assustadora. Mas não! Pensar isso já é tender para a neurose. Não tornarei a cair. Agora estou prevenida, estou armada, me seguro[49] (BEAUVOIR, 1989, p. 35).

Acordando com o raciocínio de Koski (1992), na obra em evidência, o diálogo interior serve para Laurence afastar a ideia da crise. Não pensar na existência compromete o processo da construção de si. Evitar refletir sobre o conflito pelo qual a personagem passou garante a permanência no plano da superficialidade, situação que a deixa confortável por não ter que fazer o aprofundamento reflexivo que as questões existenciais exigem. O seu receio é ter que buscar superar justamente essas imposições paradoxalmente cômodas que o estágio superficial constitui. A reflexão ontológica sobre sua existência parece insuportável.

Para uma melhor compreensão de como a consciência de Laurence se manifesta no decorrer do romance, é significativo mencionar a concepção de Sartre sobre esse conceito. Em sua obra, encontram-se duas características inerentes à consciência. A primeira delas é a intencionalidade que, para o autor, está vinculada à "necessidade de existir como consciência de outra coisa que não ela mesma" (SARTRE, 2005, p. 106).

O filósofo francês explica a intencionalidade da consciência se baseando na fenomenologia de Husserl, para quem a consciência é exterior ao sujeito,

---

[49] "Pourquoi existe-t-on? Ce n'est pas mon problème. On existe. Il s'agit de ne pas s'en apercevoir, de prendre son élan, de filer d'un trait jusqu'à la mort. L'élan s'est brisé il y a cinq ans. J'ai rebondi. Mais c'est long le temps. On retombe. Mon problème, c'est cet effondrement de loin en loin, comme s'il y avait une réponse à la question de Catherine, une réponse effrayante. Mais non! C'est déjà glisser vers la névrose que de penser ça. Je ne retomberai pas. Maintenant je suis prevenue, je suis armée, je me tiens en main" (BEAUVOIR, 2015, p. 44).

se fazendo contato com o mundo. Isto é, "a consciência e o mundo são dados ao mesmo tempo: exterior por essência à consciência, o mundo é, por essência, relativo a ela" (SARTRE, 2005, p. 106).

No caso do romance de Beauvoir, verifica-se que Catherine, através dos diálogos, e a criança que Laurence vê dançando na Grécia, por meio da linguagem corporal, a conduzem à angústia de conhecer. E "conhecer é 'se manifestar rumo a'" (SARTRE, 2005, p. 106). Ela se manifesta quando escolhe decidir pela ruptura com a dominação masculina e com o patriarcado, rumo à libertação de si e de Catherine. "Ser é manifestar-se no mundo, é partir de um nada de mundo e da consciência para de repente se manifestar-consciência-no-mundo" (SARTRE, 2005, p. 106).

Ser é estar em movimento, em constante relação com os outros, permeado pelos espaços, "[...] na estrada, nas cidades, no meio da multidão, coisa entre as coisas, homem entre os homens" (SARTRE, 2005, p. 107), descobrindo o mundo e nos descobrindo.

O sentido do conceito filosófico de intencionalidade pode ficar mais claro no seguinte exemplo formulado por Tárik de Athayde Prata (2016, p. 78):

> Um ser consciente é capaz de pensar sobre algo, fixando seu conceito (p. ex., o conceito de *terremoto*), pode imaginá-lo (p. ex., imaginar os prédios e as casas do seu bairro tremendo com o abalo sísmico), pode também temê-lo (p. ex., temer que um terremoto destrua sua casa), odiá-lo (p. ex., depois que isso tivesse acontecido), ou desejá-lo (p. ex., para ter, com a destruição, um pretexto para abandonar uma situação, um lugar). Um extenso, incontável, conjunto de modos psicológicos como esses é o que constitui a consciência enquanto intencionalidade.

Em face do exposto, e considerando como ocorrem os *modos psicológicos* de Laurence, é significativo observar a maneira como se dá a atuação da sua reflexão diante da frase dita por Catherine, a título de exemplo. A indagação feita pela filha, "por que existimos?", suscita em Laurence uma reação de ignorância, quando a responde em pensamento: "Não é meu problema. Existimos. Tratar de não prestar atenção, tomar o impulso, seguir em frente até a morte" (BEAUVOIR, 1989, p. 35). Ela age como se a questão existencial de Catherine não tivesse importância, ou ainda, não mostra interesse por falta de conhecimento, ela desconhece a si mesma, ignorando a complexidade da existência, demonstrando, dessa forma, um vazio existencial profundo e desinteresse pela compreensão humana.

Frases como: "Me parecia não ter mais futuro [...]" (BEAUVOIR, 1989, p. 34); "— Eu não tenho princípios [...]" (BEAUVOIR, 1989, p. 28); "Eu não era uma imagem; mas outra coisa também não: nada" (BEAUVOIR, 1989, p. 132); "Vida preenchida demais? vazia demais? Cheia de coisas vazias, que confusão!"[50] (BEAUVOIR, 1989, p. 113) denotam falta de sentido, e a manifestação do sentido depende da consciência, que, em Laurence, demora um pouco a se manifestar de forma mais complexa, sendo apenas na conclusão do romance, após narrar sua viagem à Grécia, que a personagem vai desenvolvendo autonomia de pensamento, que ela vai, aos poucos, percebendo a necessidade de buscar a reconciliação com as partes negligenciadas de sua consciência. Antes disso, muita demonstração de falta de subjetividade fica explícita.

A outra característica própria da consciência para Sartre (2010, 2015), discussão elaborada em *A transcendência do ego*, corresponde à particularidade de toda consciência ser sempre consciência de si,

> E ela toma consciência de si *na exata medida em que é consciência de um objeto transcendente*. Tudo é claro e lúcido na consciência: o objeto está diante dela com sua opacidade característica, mas ela é puramente e simplesmente consciência de ser consciência deste objeto, esta é a lei de sua existência (SARTRE, 2010, p. 188).

É importante mencionar o trabalho de Prata (2016) em que este analisa a concepção sartreana sobre consciência e apresenta teorias recentes, que venham complementar a discussão, dentre as quais destaca o debate de Rocco Genaro que compreende que a consciência é uma *totalidade complexa*, enquanto Sartre concebe cada episódio de consciência como uma *totalidade sintética*; isto é, para este, "cada episódio de consciência seria formado por elementos cuja efetiva articulação (sintética) é indispensável para a efetiva existência da consciência (em sua forma fundamental — irrefletida" (PRATA, 2016, p. 79).

Conforme Prata (2016), no que tange à forma de Sartre pensar a autorrelação da consciência, o filósofo apresenta "um núcleo de obscuridade" ao afirmar que a autoconsciência não está sujeita à análise. É pressupor que não

---

[50] "Il me semblait n'avoir plus d'avenir [...]" (BEAUVOIR, 2015, p. 43). "— Moi, je n'ai pas de príncipes!" (BEAUVOIR, 2015, p. 35). "Je n'étais pas une image; mais pas autre chose non plus: rien" (BEAUVOIR, 2015, p. 170). "Vide trop remplie? trop vide? Remplie de choses vides, quelle confusion!" (BEAUVOIR, 2015, p. 146).

ESTILHAÇOS DE PAIXÃO E BELEZA: A TOMADA DE CONSCIÊNCIA EM *A PAIXÃO SEGUNDO G.H.* (1964), DE CLARICE LISPECTOR, E *LES BELLES IMAGES* (1966), DE SIMONE DE BEAUVOIR

se pode empreender uma análise conceitual da autoconsciência, é deixar de alcançar o aspecto mais significativo da consciência.

No entanto, mais adiante, nesse mesmo trabalho, Prata (2016, p. 89), comparando a teoria sartreana sobre consciência com a de Gennaro, ressalta parecer mais inteligível considerar os episódios de consciência irrefletida (conforme o pensamento de Sartre) como entidades complexas (tal qual propõe Gennaro), "pois tal complexidade permite uma explicação conceitual da consciência irrefletida, sem que sejam necessárias expressões metafóricas".

Uma teoria atual sobre consciência, e que se aproxima da concepção sartreana (no que corresponde à sua noção de consciência reflexiva), é aquela elaborada pelo filósofo norte americano David Rosenthal, que compreende a ideia de consciência

> Como decorrente da ação de um *pensamento* a respeito de determinados estados mentais, que em virtude desse pensamento acerca deles, se tornariam estados conscientes. Trata-se da teoria segundo a qual um estado mental se tornaria consciente no caso de ser um pensamento de nível superior (*Higher Order Thought*) a este mesmo estado mental (PRATA, 2016, p. 85).

Outro debate relativo à consciência, no contexto da filosofia da mente, defende que

> [...] um estado mental consciente é um complexo, formado por (a) um estado mental dirigido ao mundo e por (b) uma representação meta-psicológica [...], de modo que um estado consciente é individuado de modo amplo, isto é, abrangendo diferentes aspectos (PRATA, 2016, p. 86).

Essa compreensão apresentada por Rocco Gennaro, segundo discute Prata (2016), é denominada de Perspectiva da Intrinsicalidade Ampla.

Enquanto a teoria de Sartre (2010) se aproxima daquela de Rosenthal em virtude do modo sartreano de pensar a consciência reflexiva, tanto essa concepção de consciência quanto a de consciência irrefletida comunicam com as ideias de Gennaro, que se dedica a esclarecer a noção sartreana de consciência, reconhecendo o caráter complexo do paradigma da autorrelação da consciência para o filósofo existencialista. A contribuição de Gennaro sobre a abordagem em questão se dá marcadamente ao evidenciar a totalidade complexa da consciência irrefletida que, em Sartre, é concebida como uma totalidade sintética. Na sua compreensão, cada estado, cada ação produzida não pode ser separada do Ego.

> E se o juízo separa o *Eu* de seu estado (como na frase: *Eu* estou apaixonado), não pode fazê-lo senão para ligá-lo imediatamente. O movimento de separação conduziria a uma significação vazia e falsa se não se desse a si mesmo como incompleto e não se completasse por meio de um movimento de síntese (SARTRE, 2015, p. 40).

Na concepção ontológica sartreana das relações com o outro, enquanto, na realidade, eu me converto em objeto para o outro, e o outro se faz objeto para mim, na literatura, ocorre a superação da condição do outro como objeto.

> [...] As afeições do leitor nunca são dominadas pelo objeto e, como nenhuma realidade exterior pode condicioná-las, têm sua fonte permanente na liberdade, isto é, todas são generosas — pois chamo de generosa uma afeição que tem a liberdade por origem e por fim (SARTRE, 2004, p. 42).

Na visão de Sartre (2004), a literatura tem como finalidade a liberdade. Mas ela não deve ser reconhecida para, em seguida, a leitora e o leitor confiarem nela e transformarem essa confiança em prática libertadora e emancipatória.

No romance, a causalidade se coloca a serviço da finalidade. A título de exemplo, dando ênfase no romance em análise, se Laurence está em casa, se ela está na agência publicitária, ou se está na casa de campo, constituem *séries causais independentes*. É nesses espaços que se manifestam *os estados de ânimo* da personagem (SARTRE, 2004).

Num contexto mais específico, numa reunião na casa de campo, as particularidades dos quartos: "[...] forrados com tela de Jouy, camas rústicas, cobertores em patchwork, e em cima de uma pia, uma bacia e um cântaro de louça"[51] (BEAUVOIR, 1989, p. 79) carregam a função de se harmonizar com o *estado de ânimo* de Laurence, que, nessa ocasião, pensa em Jean-Charles com sentimento de paixão:

> [...] ela só quer pensar nele, no seu perfil iluminado pela luz dançante das chamas. E de repente ele está, a abraça, e a ternura se transforma nas veias de Laurence num fluxo fervente, ela desmaia de desejo enquanto os lábios deles se juntam[52] (BEAUVOIR, 1989, p. 79).

---

[51] "[...] tendues de toile de Jouy, avec des lits campagnards, des couvertures en *patchwork*, et sur un lavabo une cuvette et un broc en faïence" (BEAUVOIR, 2015, p. 101).

[52] "[...] elle ne veut plus penser qu'à lui, à son profil éclairé par la lueur dansante des flammes. Et soudain il est là, il la prend dans ses bras, et la tendresse devient dans les veines de Laurence une coulée brûlante, elle chavire de désir tandis que leurs lèvres se joignent" (BEAUVOIR, 2015, p. 101).

ESTILHAÇOS DE PAIXÃO E BELEZA: A TOMADA DE CONSCIÊNCIA EM *A PAIXÃO SEGUNDO G.H.* (1964), DE CLARICE LISPECTOR, E *LES BELLES IMAGES* (1966), DE SIMONE DE BEAUVOIR

Os objetos, os lugares são meios através dos quais as personagens se expressam. Desse modo, "[...] a causalidade é que é a aparência e poderíamos designá-la por 'causalidade sem causa', e a finalidade é que é a realidade profunda" (SARTRE, 2004, p. 45).

Quando o autor submete a finalidade à causalidade, quer dizer que ele conseguiu atingir o objetivo primeiro da literatura: a liberdade humana. Se o escritor sobrepõe os fins às causas, o texto literário comportará um discurso apaixonado. E mesmo que ele submeta a finalidade à causalidade, esta seria uma causalidade psíquica, e a obra se integraria aos fundamentos do determinismo. Nessa perspectiva, Sartre (2004, p. 45–46) argumenta que o ato de escrever pressupõe que o artista

> [...] assuma um distanciamento em relação às suas afeições; em poucas palavras, que tenha transformado as suas emoções em emoções livres, como faço com as minhas, ao lê-lo, isto é, que esteja em atitude de generosidade. [...] A leitura é um pacto de generosidade entre o autor e o leitor; cada um confia no outro, conta com o outro, exige do outro tanto quanto exige de si mesmo. [...] Assim a minha liberdade, ao se manifestar, desvenda a liberdade do outro.

Partindo dessa tônica desenvolvida por Sartre sobre o pacto de generosidade que caracteriza a relação entre o autor e o leitor, faz-se oportuno retomar a análise do romance de Beauvoir, especialmente a pré-tomada de consciência, a fim de compreender o universo de Laurence.

Em se tratando dos conceitos estudados por Bakhtin, em *Les belles images* encontra-se a estratégia dialógica, enquanto em *A paixão segundo G.H.* é possível identificar um debate sobre alteridade, como discutido anteriormente.

Este trabalho buscou mostrar o processo de alteridade entre G.H. e Janair, e G.H. e a barata, sendo importante mencionar o enfoque dado por Emília Amaral (2001), sobre esse processo acerca da relação entre a autora e o(a) leitor(a). Para ela, "Clarice parece procurar na imagem do leitor para o qual escreve uma alteridade em que se possa refletir, que de algum modo seja capaz de espelhá-la" (AMARAL, 2001, p. 98).

Ainda conforme a autora, Lispector pretende que o leitor, em contato com a obra, passe — através do mecanismo de identificação — pela mesma experiência subjetiva pela qual passou G.H.

Nessa perspectiva, destaca-se a importância da respondibilidade do ato ético de Lispector, enquanto escritora, por se preocupar com a experiência e a construção do outro (leitor/a). É necessário reconhecer a potência que há nesse projeto estético (*A paixão segundo G.H.*) que possibilita uma experiência intersubjetiva, no sentido dado por Sartre (2014), enquanto se faz companhia a G.H. no seu trajeto rumo à tomada de consciência.

O primeiro capítulo de *Les belles images* tem início com o narrador[53] discorrendo sobre o domingo de Laurence, parentes e amigos na casa de campo de Gilbert (marido de Dominique). Logo nas primeiras páginas, é apresentada ao(à) leitor(a) a classe social retratada no romance, que se configura como um elemento central para a compreensão da proposta de Beauvoir ao optar por descrever as distorções da burguesia parisiense da segunda metade do século XX, suas futilidades, superficialidades, narcisismo, competitividade, vaidade extrema, e alienação.

No decorrer da leitura, observa-se que a autora apresenta, através de um método narrativo bem elaborado, uma crítica notável à sociedade burguesa de seu tempo. Deve-se considerar que ela frequentava esse universo, o que contribuiu para a propriedade com que evidencia as particularidades do cotidiano entediante e vazio dessa classe.

Visto que a proposta deste item é investigar o processo de tomada de consciência da personagem Laurence, com a finalidade de facilitar sua compreensão, propõe-se, a partir deste momento, analisar o trajeto, seguindo uma dimensão cronológico-sequencial.

Já na introdução do romance, Laurence elabora frases que denotam reflexões ora existenciais, ora sobre a categoria social da qual faz parte. Na terceira linha, verifica-se seu primeiro ato reflexivo: "o que é que os outros têm que eu não tenho?"[54] (BEAUVOIR, 1989, p. 7). Esse questionamento, que designa estado de frustração, aparece mais duas vezes no romance, especificamente nas seguintes passagens: "É claro, ele tem alguma coisa que os outros não têm, que eu não tenho (mas o que eles têm que eu tampouco tenho?)"[55] (BEAUVOIR, 1989, p. 12). "E Laurence de novo se pergunta: o que eles têm que eu não tenho?"[56] (BEAUVOIR, 1989, p. 16).

---

[53] O discurso narrativo oscila entre a voz do narrador heterodiegético e a do narrador homodiegético. Ao se referir ao narrador, não será feita a distinção das vozes, a não ser quando necessário.

[54] "Qu'est-ce que les autres ont que je n'ai pas?" (BEAUVOIR, 2015, p. 7).

[55] "Bien sûr, il a quelque chose que les autres n'ont pas, que je n'ai pas (mais qu'ont-ils que je n'ai pas no'n plus?)" (BEAUVOIR, 2015, p. 14).

[56] "Et de nouveau Laurence se demande: qu'ont-ils que je n'ai pas?" (BEAUVOIR, 2015, p. 19).

ESTILHAÇOS DE PAIXÃO E BELEZA: A TOMADA DE CONSCIÊNCIA EM *A PAIXÃO SEGUNDO G.H.* (1964), DE CLARICE LISPECTOR, E *LES BELLES IMAGES* (1966), DE SIMONE DE BEAUVOIR

Geralmente, essa é uma questão feita quando alguém anseia por algum bem ou alguma qualidade ou capacidade que compete ao outro. No caso de que se trata, pode haver dois sentidos. Primeiramente, as pessoas com as quais Laurence convive transparecem felizes, dando a impressão de que nada lhes falta, de que elas sabem desfrutar a vida; no entanto, ela não se sente como os demais. Por outro lado, a pergunta da personagem pode direcionar à seguinte leitura: quando ela diz não ter algo, na realidade, é uma das poucas pessoas do seu círculo social que tem. "Esse algo" é a capacidade de refletir sobre o vazio que a classe dominante esconde sob uma aparente felicidade inabalável.

De fato, ambas as compreensões mencionadas anteriormente são cabíveis: Laurence não sente que é feliz como os outros, tanto que já enfrentou uma crise depressiva e, por vezes, ela e o marido temem a recidiva da doença; bem como vai despertando, no decurso da narrativa, sua potência reflexiva.

Laurence vai revelando uma sequência de características próprias, como se fossem respostas à pergunta "o que é que os outros têm que eu não tenho?", nos momentos em que desabafa:

I	"Agora não tenho razão para estourar" (BEAUVOIR, 1989, p. 16).
II	"[...] não tenho tempo" (BEAUVOIR, 1989, p. 21).
III	"— Eu não tenho princípios, diz Laurence, com pesar" (BEAUVOIR, 1989, p. 28).
IV	"Não tenho o dinamismo dele [...]" (BEAUVOIR, 1989, p. 29).
V	"Não tenho palavras para me queixar ou ficar sentida. Mas esse nó na garganta me impede de comer" (BEAUVOIR, 1989, p. 119).
VI	"Não tenho a sua cultura" (BEAUVOIR, 1989, p. 125).[57]

Pode-se afirmar que essas seis sentenças, no contexto narrativo, fornecem traços da personalidade de Laurence que são essenciais para compreendê-la. A primeira sentença faz parte de uma argumentação que procede de duas perguntas que ela faz a si mesma: "o que eles têm que eu não tenho?" e "o que é que não está indo bem?". A partir desses problemas, a personagem, ao invés de raciocinar sobre as causas de suas questões existenciais,

---

[57] I "Maintenant je n'ai pas de raison de craquer" (BEAUVOIR, 2015, p. 19). II "[...] je n'ai pas le temps" (BEAUVOIR, 2015, p. 25). III "— Moi, je n'ai pas de principes! dit Laurence avec regret" (BEAUVOIR, 2015, p. 35). IV "Je n'ai pas son dynamisme" (BEAUVOIR, 2015, p. 37). V "Je n'ai pas de mots pour me plaindre ou pour regretter. Mais ce noeud dans ma gorge m'empêche de manger" (BEAUVOIR, 2015, p. 153). VI "Je n'ai pas ta culture" (BEAUVOIR, 2015, p. 161).

se autoengana, uma vez que, após formular esses dois questionamentos, declara: "[...] estou feliz com a minha vida. Não, nenhum perigo. É apenas uma questão de humor"[58] (BEAUVOIR, 1989, p. 16).

A informação de que Laurence passou por um episódio depressivo direciona para as seguintes observações: o que se busca enfatizar aqui é que o seu posicionamento contraditório e seu conhecimento limitado sobre a doença, associados à falta de opinião própria, quando elabora seus argumentos baseada nas ideias e orientações de outrem (Dominique e Jean-Charles, nesse caso), demonstram, primeiramente, que ela se engana, pois seu discurso não é constituído de crença alguma, e ainda, que ela é facilmente manipulável. Ter opinião própria exige autoconhecimento e conhecimento do objeto abordado, o que favorece o indivíduo a lidar melhor com as adversidades e a estar mais próximo de sua liberdade. Direção contrária à que toma alguém que se autoengana, pois este idealiza um universo de fantasias com a intenção de mascarar os problemas que não se quer resolver. Para Sartre, a má-fé (mentira que o indivíduo conta a si mesmo) "aparece como uma fuga constante e, mais, apresenta um erro, não em relação à moral (inicialmente), mas em relação à verdade" (TEIXEIRA, 2017, p. 461).

Quando a personagem se pergunta "o que não está indo bem?", fica evidente que algo não está indo bem, porém não se sabe exatamente o quê. Se no mesmo momento da reflexão, ela afirma "estou feliz com a minha vida", é importante pensar sobre a seguinte questão: como que para a mesma pessoa, no mesmo momento, está tudo bem e não está tudo bem? Logo, seu discurso é incoerente e contraditório. Esse processo mental pelo qual Laurence está passando, o autoengano, com a falta de opinião própria e as consequentes manipulações às quais está submetida fazem-na percorrer o caminho oposto àquele que conduz à autonomia.

É importante frisar a acepção do nome da protagonista do romance. Em francês, Laurence é o feminino de Laurent. Deriva de Laura, do latim *laurus*, e significa louro, planta que simboliza glória e vitória. Seu nome está ligado ao sucesso e à coragem.

Se Laurence é um nome dado a meninas em promessa de uma vida gloriosa e vitoriosa, é preciso refletir sobre a compreensão que se tem, no romance, desses adjetivos. Do ponto de vista de Dominique, os atributos mencionados definem uma mulher que irá se destacar no seu círculo social, e que para conquistar tal posição, todos os sacrifícios são válidos, inclusive

---

[58] "[...] je suis contente de ma vie. Non, aucun danger. C'est juste une question d'humeur" (BEAUVOIR, 2015, p. 19).

se casar com um milionário, assim como ela fez se casando com Gilbert. Quando este se afasta porque se apaixona por uma jovem, Dominique se martiriza, sobretudo devido à perda dos privilégios que o relacionamento oferecia. No entanto, Laurence, sendo vítima de manipulação da professora, da mãe, do pai, do marido, do amante, e da sua classe social, por um longo período de alienação (anterior à tomada de consciência), reproduz o padrão de mulher a ela imposto, reforçando os ensinamentos da mãe.

No ano de publicação do romance, 1966, cerca de doze mil meninas receberam o nome Laurence. Esse foi o ano em que mais optaram por ele, sendo o sexto nome mais colocado em Paris. Isto é, Beauvoir escolheu um nome popular para a protagonista de seu romance. Mulher que fora disciplinada para estar sempre arrumada, para não ter ataques de cólera, "menina impecável, adolescente perfeita, moça excelente"[59] (BEAUVOIR, 1989, p. 18).

Beauvoir pretendeu mostrar o universo superficial de uma mulher educada dentro das convenções burguesas parisienses do século XX. A autora se propôs a desenvolver uma narrativa na qual o(a) leitor(a) percorre o caminho da emancipação junto à protagonista, mergulhada nos seus dilemas existenciais, conduzindo a questionamentos sobre os valores e padrões cultivados pela burguesia, sobre o posicionamento ideológico do homem utilitário, sobre o contexto machista no qual as mulheres estavam/estão inseridas, sobre as várias formas de violência contra elas cometida. Suscita também, por meio dos discursos das personagens, nas suas frequentes reuniões, reflexões sobre cultura, mostrando que esta não promove, necessariamente, a emancipação dos sujeitos, posto que ela está impregnada dos valores burgueses. Diante disso, Laurence passa a se sentir estranha ante as pessoas com quem convive, inaugurando um processo de contestação da ordem estabelecida.

Verifica-se uma aproximação entre os dois romances no que tange à possibilidade dada ao(à) leitor(a) de acompanhar a trajetória rumo à tomada de consciência das duas personagens. No entanto, há um traço específico em *A paixão segundo G.H.*, durante esse processo, referente ao tipo de relação que a personagem-narradora estabelece com o(a) leitor(a). Ela clama pela companhia do leitor no princípio da sua travessia como estratégia para conseguir conter o medo do novo, do inesperado:

> Enquanto escrever e falar vou ter que fingir que alguém está segurando a minha mão.

---

[59] "Petite fille impeccable, adolescente accomplie, parfaite jeune fille" (BEAUVOIR, 2015, p. 22).

> Oh pelo menos no começo, só no começo. Logo que puder dispensá-la, irei sozinha. Por enquanto preciso segurar esta tua mão — mesmo que não consiga inventar teu rosto e teus olhos e tua boca (LISPECTOR, 2014, p. 16).

Porém, no decurso da narrativa, nota-se que G.H. não se desprende da mão da leitora, do leitor, como ela propõe. Ao contrário, vai apresentando cada vez mais necessidade da presença imaginada do(a) leitor(a), assim como, gradativamente, o(a) envolve com a sua experiência existencial, passando a impressão de que está sendo instituída uma relação de proximidade e confiança. G.H. empreende um processo tão emancipatório que considera necessário retribuir o tempo dedicado e a atenção que a leitora e o leitor conferem a ela. E como ato compensatório, como forma de agradecer a quem compartilhou o processo de construção de si, G.H. oferece sua mão, mostrando estar disposta a contribuir para essa deleitosa e conflitante trilha, ruma à tomada de consciência:

> E agora não estou tomando tua mão para mim. Sou eu quem está te dando a mão.

> Agora preciso de sua mão, não para que eu não tenha medo, mas para que tu não tenhas medo. Sei que acreditar em tudo isso será, no começo, a tua grande solidão. Mas chegará o instante em que me darás a mão, não mais por solidão, mas como eu agora: por amor. [...] O amor já está, está sempre. Falta apenas o golpe da graça — que se chama paixão (LISPECTOR, 2014, p. 180–181).

Dando continuidade à análise das sentenças supramencionadas, expressadas por Laurence, a segunda oração — "não tenho tempo" — faz parte de uma reflexão que procede de uma pergunta feita por Catherine: "Mamãe, por que a gente existe?"[60] (BEAUVOIR, 1989, p. 19).

Catherine questiona a mãe sobre a existência. "Catherine lê muito, demais"[61] (BEAUVOIR, 1989, p. 21). Essas duas afirmações fazem supor que o seu nível de inquietação com a condição existencial bem como o seu nível

---

[60] "Maman, pourquoi est-ce qu'on existe?" (BEAUVOIR, 2015, p. 23).

[61] "Catherine lit énormément, trop" (BEAUVOIR, 2015, p. 25).

de leitura são maiores que os de Laurence, que, num ato de má-fé[62], fornece uma explicação limitada e infantilizada ao tentar responder à questão filosófica da filha.

Ao discutir os problemas das relações entre o Eu e a consciência, em *A transcendência do ego*, Sartre (2015) sustenta que esses são problemas existenciais. O sujeito, para o filósofo, "se insere no mundo através da **vivência** de três estruturas fundamentais do ser: o Ser-em-si, e o Ser-para-si e o Ser-para-outro. Tal vivência pode seguir-se segundo uma postura **autêntica** ou por intermédio de uma estrutura de **má-fé (inautêntica)**" (MOURA, 2011, p. 119, grifo do autor).

É fundamental considerar a conduta inautêntica de Laurence, como fora elucidada, ante as respostas dadas à filha: "— Você não estava contente, esta tarde, que todos nós existíssemos?"[63] (BEAUVOIR, 1989, p. 20). "— A gente existe para fazer feliz uns aos outros"[64] (BEAUVOIR, 1989, p. 20).

A mãe parece não estar entusiasmada em responder à filha quando pensa: "É exatamente o tipo de pergunta que as crianças jogam enquanto você pensa apenas em vender painéis de madeira"[65] (BEAUVOIR, 1989, p. 19). Ela não tem suporte para formular respostas claras e elaboradas. Como Laurence irá dialogar sobre questões filosóficas, se ela nem ao menos compreende suas vivências pessoais?

---

[62] Neste caso, má-fé está sendo colocada diante da elaboração dada por Sartre (2007, p. 89), enquanto ato de nadificar a angústia e como um exercício de tentativa de fuga da angústia: "Fugir da angústia e ser angústia, todavia, não podem ser exatamente a mesma coisa: se eu sou minha angústia para dela fugir, isso pressupõe que sou capaz de me desconcentrar com relação ao que sou, posso ser angústia sob a forma de 'não sê-la', posso dispor de um poder nadificador no bojo da própria angústia. Este poder nadifica a angústia enquanto dela fujo e nadifica a si enquanto sou angústia para dela fugir. É o que se chama de má-fé. Não se trata, pois, de expulsar a angústia da consciência ou constituí-la em fenômeno psíquico inconsciente; simplesmente, posso ficar de má-fé na apreensão da angústia que sou, e esta má-fé, destinada a preencher o nada que sou na minha relação comigo mesmo, implica precisamente esse nada que ela suprime".

[63] "— Tu n'étais pas contente, cet après-midi, que toi, moi, tout le monde, nous existions?" (BEAUVOIR, 2015, p. 23).

[64] "— On existe pour se rendre heureux les uns les autres" (BEAUVOIR, 2015, p. 24).

[65] "Voilà bien le genre de question que les enfants vous assènent alors que vous ne pensez qu' à vendre des panneaux de bois" (BEAUVOIR, 2015, p. 23).

Catherine tem dúvidas. E duvidar é ter consciência. Ela está no plano reflexivo, à procura do sentido da vida, como Hamlet.[66]

> Pensar já não é mais unificar, tornar familiar a aparência sob o rosto de um grande princípio. Pensar é reaprender a ver, a ser atento, é dirigir a própria consciência, é fazer de cada ideia e de cada imagem, à maneira de Proust, um lugar privilegiado. Paradoxalmente, tudo é privilegiado. O que justifica o pensamento é sua extrema consciência (CAMUS, 2006, p. 40).

Assim sendo, há consciência reflexiva nas sentenças elaboradas por ela, e consciência reflexionante no discurso de Laurence. Diante da explicação lacunar de sua mãe, e que não convence Catherine, ela reflete: "— Mas as pessoas que não são felizes, por que elas existem?". Essa questão aponta duas proposições: uma se relaciona ao sentimento de absurdidade, e a outra, à contestação da ordem social.

Em se tratando da primeira, Catherine se angustia face à infelicidade do outro, entendendo que não é possível ser completamente feliz se o outro não é feliz; desse modo, apresenta o compromisso do ser-para-outro (intersubjetividade). Ela quer compreender a condição humana, anseia por explicação. No que se refere a essa questão, Camus (2006, p. 50) assegura que a razão

> [...] tem sua ordem, na qual é eficaz. A ordem é, justamente, a da experiência humana. É por isso que queremos deixar tudo claro. Se não podemos fazê-lo, se o absurdo então surge, é precisamente no encontro dessa razão eficaz porém limitada com irracional sempre renascido.

Catherine, desde o início da narrativa, apresenta evidências de que está se deparando com o absurdo, e busca respostas para seus conflitos existenciais. Além disso, ela é uma leitora assídua, se identificando com um elemento essencial para emancipação — a leitura — que, para Sartre (2007), é um instrumento pelo qual o indivíduo toma consciência de si.

---

[66] "Ser ou não ser... Eis a questão. Que é mais nobre para a alma: suportar os dardos e arremessos do fado sempre adverso, ou armar-se contra um mar de desventuras e dar-lhes fim tentando resistir-lhes? Morrer... dormir... mais nada... Imaginar que um sono põe remate aos sofrimentos do coração e aos golpes infinitos que constituem a natural herança da carne, é solução para almejar-se. Morrer... dormir... dormir... Talvez sonhar... É aí que bate o ponto. O não sabermos que sonhos poderá trazer o sono da morte, quando ao fim desenrolarmos toda a meada mortal, nos põe suspensos. É essa ideia que torna verdadeira calamidade a vida assim tão longa! Pois quem suportaria o escárnio e os golpes do mundo, as injustiças dos mais fortes, os maus-tratos dos tolos, a agonia do amor não retribuído, as leis amorosas, a implicância dos chefes e o desprezo da inépcia contra o mérito paciente, se estivesse em suas mãos obter sossego com um punhal?" (SHAKESPEARE, 2000, p. 81–82).

ESTILHAÇOS DE PAIXÃO E BELEZA: A TOMADA DE CONSCIÊNCIA EM *A PAIXÃO SEGUNDO G.H.* (1964), DE CLARICE LISPECTOR, E *LES BELLES IMAGES* (1966), DE SIMONE DE BEAUVOIR

A outra questão, que diz respeito à contestação da ordem social, é, também, um aspecto dissonante entre Laurence e sua filha, visto que aquela se utiliza de um discurso ideológico, defensor da classe dominante, que pode ser percebido, por exemplo, nos fragmentos a seguir:

> — Você viu pessoas infelizes? Onde, minha querida? [...] Onde? Goya mal fala francês e está contente. O bairro é rico: nenhum mendigo, nenhum vagabundo; e os livros? os amigos? [...]

> — Escuta, falaremos nisso amanhã. Mas se você conhece pessoas infelizes, tentaremos fazer alguma coisa por elas. Podemos cuidar dos doentes, dar dinheiro aos pobres, podemos um monte de coisas...[67] (BEAUVOIR, 1989, p. 20).

Diante do exposto, nota-se que, além de se autoenganar, Laurence também engana Catherine, porque é impossível sanar os problemas de todos os enfermos e conseguir elaborar medidas para combater a desigualdade e a pobreza de uma cidade como Paris, com complexos problemas de ordem social e econômica.

Devido ao ambiente fecundo do qual Beauvoir fez parte, junto aos intelectuais de seu círculo, ela produz uma crítica aos padrões sociais burgueses, como afirma:

> Recusava as hierarquias, os valores, as cerimônias que distinguem a elite [...]. Só o indivíduo me parecia real, importante, chegaria forçosamente a preferir a sociedade em sua totalidade à minha classe. [...] Caíra numa armadilha; a burguesia me persuadira de que seus interesses se confundiam com os da humanidade; eu pensava poder alcançar, de acordo com ela, verdades válidas para todos; mas logo que me aproximava, ela se erguia contra mim. Sentia-me "aturdida, dolorosamente desorientada". Quem me mistificara? Por quê? Como? Em todo caso eu era vítima de uma injustiça e pouco a pouco meu rancor se transformou em revolta (BEAUVOIR, 1983, p. 147).

Em *Les belles images*, o comportamento da protagonista é caracterizado pela legitimação do poder da classe burguesa e pela reprodução do discurso patriarcal que, conforme observa Louise Eriksson (2004, p. 8, tradução nossa),

---

[67] "— Tu as vu des gens malheureux? Où ça mon chéri? [...] Où? Goya est gaie et elle parle à peine le français. Le quartier est riche: ni clochards, mendiants; alors les livres? les camarades? [...]
— Écoute, nous en parlerons demain. Mais si tu connais des gens malheureux, nous essaierons de faire quelque chose pour eux. On peut soigner les malades, donner de l'argent aux pauvres, on peut un tas de choses..." (BEAUVOIR, 2015, p. 24).

> [...] o casamento é baseado em um modelo patriarcal, e essa situação pode explicar os sentimentos de Laurence. O choque que ela teve após a maternidade é também um choque social; agora ela entende como uma família funciona e vê o papel da mulher nesse relacionamento.[68]

Há uma cobrança da sua mãe, da sua irmã (que é católica) e de seu marido para que ela siga um modelo de mãe ideal. Ante os conflitos de Catherine, Laurence se posiciona de uma forma diferente de Jean-Charles, e essa será a primeira atitude de negação às estruturas impostas. Esse é o primeiro passo para a nova jornada que irá percorrer. Ela clama por mudança.

Após conversar com Catherine, Laurence comenta com Jean-Charles que a filha lhe contou um sonho, e que no dia seguinte lhe dirá os motivos pelos quais ela chora. E, pela primeira vez, a protagonista quer ousar pensar por si, como se observa na seguinte passagem: "Laurence senta e finge que está concentrada nas suas pesquisas. Não esta noite. Ele lhe forneceria logo cinco ou seis explicações. Ela quer compreender antes dele responder"[69] (BEAUVOIR, 1989, p. 21).

O que a incomoda é saber que Dominique e Jean-Charles vão culpá-la pelo comportamento de Catherine. Numa sociedade patriarcal, a educação dos filhos é completamente delegada às mães; em contrapartida, o pai é sempre quem toma as decisões, é o detentor da palavra final.

Quando Catherine e Laurence apresentam alguma mudança no modo de agir, Jean-Charles se sente incomodado, se irrita, associando a forma como elas lidam com os conflitos à falta de equilíbrio:

> — De qualquer modo, Catherine está alegre, com boa saúde, está estudando direito, diz Jean-Charles. Não se deve levar para o lado trágico uma pequena crise de sensibilidade (BEAUVOIR, 1989, p. 31).

> — Ah! não me venha outra vez com uma crise de consciência como em 1962, diz Jean-Charles secamente (BEAUVOIR, 1989, p. 104).

> — Parece-me uma crise séria. Ela não estuda e grita de noite.

---

[68] "[...] le mariage est fondé sur un modèle patriarcal, et cette situation peut expliquer les sentiments de Laurence. Le choc qu'elle a eu après la maternité est aussi un choc social; maintenant elle comprend comment une famille fonctionne et elle voit le rôle de la femme dans cette relation" (ERIKSSON, 2004, p. 8).

[69] "Laurence s'assied et feint de s'absorber dans sa recherche. Pas ce soir. Il lui fournirait tout de suite cinq ou six explications. Elle veut essayer de comprendre avant qu'il n'ait répondu" (BEAUVOIR, 2015, p. 25).

— Gritou duas vezes.

— Duas vezes é demais. Chame-a, quero falar com ela.

— Não brigue com ela. As suas notas não são tão desastrosas.

— Você se contenta com pouco![70] (BEAUVOIR, 1989, p. 101).

Como se pode notar, Jean-Charles faz questão de realçar seu lugar na família: o de figura central. Ele é o chefe, e dele partem as ordens e as decisões, cabendo às duas filhas e à esposa acatá-las. Nesse modelo de família e de sociedade, quando uma mulher foge da uniformidade imposta pelos homens, quando ela se afasta um pouco de seu comportamento linear, a identificam como desequilibrada ou fragilizada demais. Para os machistas, a mulher tem sensibilidade, e não inteligibilidade. Esse atributo compete apenas a eles. A respeito do papel subserviente dado à mulher no casamento, Beauvoir (2009) se posiciona da seguinte forma:

> No homem encarna-se a seus olhos o Outro, como este para o homem se encarna nela; mas esse *Outro* apresenta-se a ele como o essencial e a ela se apreende perante ele como o ines-sencial. Ela se libertará do lar paterno, do domínio materno e abrirá o futuro para si, não através de uma conquista ativa e sim entregando-se, passiva e dócil, nas mãos de um novo senhor (BEAUVOIR, 2009, p. 432).

Outro elemento marcante no cotidiano da sociedade burguesa, des-tacado na narrativa, é a forma como ela compreende o trabalho e o tempo livre. Após passar por um processo depressivo, Laurence pensa encontrar no trabalho a solução para o seu transtorno, mas com a dedicação aos projetos publicitários, ela passa a dispor de menos tempo na companhia das filhas. O trabalho consome grande parte dos seus dias, porque, além do período que ela permanece no escritório, está sempre pensando em painéis publicitários ou elaborando-os quando está em casa. Vítima do tempo *pseudocíclico*, que determina o cotidiano da sociedade moderna, e da espetacularização das

---

[70] "— En tout cas Catherine est gaie, en bonne santé, elle travaille bien, dit Jean-Charles. Il n'y a pas lieu de prendre au tragique une petite crise de sensibilité" (BEAUVOIR, 2015, p. 39).
"— Ah! ne recommence pas à me faire une crise de mauvaise conscience comme en 62, dit Jean-Charles sèche-ment" (BEAUVOIR, 2015, p. 133).
"— Ça m'a l'air d'une crise sérieuse. Elle ne travaille pas, et elle crie la nuit.
— Elle a crié deux fois.
— C'est deux fois de trop. Appelle-la, je veux lui parler.
— Ne la gronde pas. Ses notes ne sont tout de même pas désastreuses.
— Tu te contentes de peu!" (BEAUVOIR, 2015, p. 129).

imagens, ligada tanto às pessoas com as quais convive quanto à sua profissão, Laurence (assim como todos que são alienados daquilo que produzem e que consomem) tem uma vida distante da realidade, e próxima da *representação*; ela foge do real, e anseia pelo ideal.

Acerca do sentido que as imagens exercem na sociedade do espetáculo, Debord (1997, p. 9–10, grifo do autor) afirma que

> Sob todas as suas formas particulares de informação ou propaganda, publicidade ou consumo direto do entretenimento, o espetáculo constitui o *modelo* presente da vida socialmente dominante. Ele é a afirmação onipresente da escolha *já feita* na produção, e no seu corolário — o consumo. A forma e o conteúdo do espetáculo são a justificação total das condições e dos fins do sistema existente. O espetáculo é também a *presença permanente* desta justificação, enquanto ocupação principal do tempo vivido fora da produção moderna.

É nesse universo convencional da imagem e do consumo que a protagonista está inserida. Ela fora preparada por Dominique para representar a imagem de mulher perfeita, sempre com boa aparência, simpática, boa esposa, boa mãe, sem ataques de histeria. Na sua ocupação profissional, dedica-se integralmente à produção de belas imagens publicitárias com a intenção (conforme função da publicidade) de divulgar e induzir ao consumo de produtos ou à aquisição de bens.

Retomando a discussão sobre o tempo pseudocíclico na sociedade moderna, Debord (1997, p. 104) defende que ele é o tempo

> [...] do consumo da sobrevivência econômica moderna, a sobrevivência ampliada. Nele, o vivido cotidiano fica privado de decisão e submetido, já não à ordem natural, mas à pseudonatureza desenvolvida no trabalho alienado.

Para o crítico da cultura, "o tempo espetacular é o tempo da realidade que se transforma, vivido ilusoriamente" (DEBORD, 1997, p. 107).

A proposta aqui foi mostrar alguns elementos relacionados ao cotidiano da classe que Laurence integra, partindo da teoria precisamente elaborada pelo filósofo francês para elucidar que a falta de tempo declarada pela personagem (sentença II), condição que a impede de acompanhar as obras lidas por Catherine e se informar a respeito delas, caracteriza relações da sociedade que, absorvida pelo tempo espetacular, o consome com ilusões, representando uma falsa realidade a caminho da decepção. A protagonista não dedica seu tempo às filhas, mas o destina aos mecanismos fantasiosos da sua vida *espetacular* (reuniões com pessoas da elite parisiense; com diálogos superficiais, elaborados, na sua maior parte, como forma de ostentar as aquisições de bens materiais de valor elevado; exposição de seus imóveis bem decorados; vinhos caros; e suas roupas que se destacam pelas marcas e pelo alto padrão).

O texto de Beauvoir em questão mostra como pensam e agem três mulheres de diferentes gerações: Dominique, Laurence e Catherine. A primeira tem orgulho de ter alcançado uma boa posição na sociedade, de ter conseguido integrar-se à elite parisiense por meio da sua carreira no rádio e do seu casamento com o milionário Gilbert. A protagonista de *Les belles images* — antes de começar a refletir sobre os efeitos negativos das convenções que foram impostas por sua mãe e de surgirem os conflitos de Catherine — conduzia sua vida reproduzindo as crenças herdadas de Dominique. Perceber que representava comportamentos padrões, nocivos a ela e às suas filhas, faz despertar em Laurence a necessidade de proporcionar um novo caminho e um outro modelo de educação a Catherine, com valores diferentes daqueles transmitidos a ela, e que confrontem a cultura patriarcal. Catherine, por outro lado, é uma criança sensível às injustiças sociais, contestadora, leitora ativa, divergente das mulheres de sua família, vítimas da lógica de dominação do patriarcado.

O que oferece condições para transformar e superar esse modelo? Dentre outros mecanismos de enfrentamento, tem-se a leitura e o debate, utilizados por Catherine na construção da sua subjetividade. No romance, através dessa personagem que impulsiona Laurence rumo à tomada de consciência, Beauvoir ressalta a importância da palavra para a emancipação do sujeito. A menina desconstrói as visões calcificadas de seu círculo social quando contesta a ideologia dominante:

> — Você, o que faz para as pessoas infelizes?
>
> Esse impiedoso olhar das crianças que não têm censura...
>
> — Eu ajudo papai a ganhar dinheiro. Graças a mim você poderá continuar os estudos e curar os doentes.
>
> — E o papai?

— Ele constrói casas para as pessoas que não têm. É também uma maneira de ajudá-las, você entende?

(Enorme mentira. Mas a que verdade recorrer?) Catherine ficou perplexa. Por que não dão de comer para todo mundo?[71] (BEAUVOIR, 1989, p. 23–24).

Laurence se encontra na condição de alienação por replicar as atividades dos outros, emitindo opiniões a partir da ideia de outras pessoas, repetindo posturas e frases do pai, do marido e do amante, vivendo de acordo com as expectativas dos outros: "A gente fala o que as pessoas esperam que a gente fale"[72] (BEAUVOIR, 1989, p. 29). Nessa situação, além de reproduzir a moral burguesa, alimenta intensa fixação pelo seu pai. Verifica-se que não há uma ligação estreita entre ela e sua mãe, tanto que Laurence se dirige ao seu pai e à sua mãe como papai e Dominique, demonstrando mais apreço por ele.

Diante disso, é oportuna uma leitura a partir da proposta de Carl Jung acerca do complexo de Electra. Segundo Hendrika Halberstadt-Freud (2006), Jung utilizou essa figura mitológica como analogia ao complexo de Édipo para descrever os sentimentos de rivalidade das meninas em relação às mães, desenvolvendo uma preferência afetiva em relação aos pais. Em 1931, Freud assumiu sua dificuldade em desvendar o universo feminino.[73] A partir de então, vários(as) autores(as) se dedicaram a fazê-lo. No seu trabalho intitulado *Electra versus Édipo*, a psicanalista holandesa atenta para a importância desse mito para a relação mãe-filha, e assegura que "Electra representa a problemática do desenvolvimento feminino mal sucedido, frequentemente marcado por ciúmes,

---

[71] "— Toi, qu'est-ce que tu fais pour les gens malheureux?
Cet impitoyable regard des enfants qui ne Jouent pas le jeu.
— J'aide papa à gagner notre vie. C est grâce à moi que tu pourras continuer tes études et guérir les malades.
— Et papa?
— Il bâtit des maisons pour les gens qui n'en ont pas. C'est aussi une manière de leur rendre service, tu comprends. (Horrible mensonge. Mais à quelle vérite recourir?) Catherine est restée perplexe. Pourquoi ne donne-t-on pas à manger à tout le monde?" (BEAUVOIR, 2015, p. 29).

[72] "On dit ce que les gens attendent que vous disiez" (BEAUVOIR, 2015, p. 36).

[73] "Electra representa a problemática do desenvolvimento feminino mal sucedido, freqüentemente marcado por ciúmes, masoquismo, dramatização, rejeição da feminilidade e sexualidade freada. [...] Os mitos de Édipo e de Electra diferem em suas essências — mesmo que ambos tratem da rivalidade com o genitor do mesmo sexo e do amor pelo genitor do sexo oposto. O confiante Édipo, o lamentável filho do rei de Tebas, que quase foi assassinado pelos próprios pais, não tinha a mínima intenção de matar seu pai. Ele nem o conhecia e fugiu de seus supostos pais (na verdade adotivos) para escapar do presságio do oráculo, que anunciava que mataria seu pai. Electra planeja durante muitos anos o assassinato da sua mãe, que executará sorrateiramente. Édipo, por outro lado, mata um estranho em um cruzamento de Delfos, em um ataque de raiva irracional. Electra alimentará um rancor pelo resto de sua vida em relação a sua mãe pelo fato de que esta, junto com o amante Aegisthus, matou seu pai, Agamêmnon, e a amante deste, Cassandra. Após anos de espera, Electra consegue executar sua vingança com a ajuda do irmão, matando a mãe, Clytaemnestra" (HALBERSTADT-FREUD, 2006, p. 32–33).

masoquismo, dramatização, rejeição da feminilidade e sensualidade freada" (HALBERSTADT-FREUD, 2006, p. 32).

A protagonista de *Les belles images* apresenta admiração e afeição acentuadas pelo pai, enxergando nele um sujeito exemplar, de modo que ela admite ser ele a única pessoa por quem sente amor, e revela não ter encontrado no marido e no amante as qualidades que exalta no seu pai: "O que ela pensou ter encontrado em Jean-Charles, em Lucien, só ele possui: no seu rosto, um reflexo do infinito. Ser para si mesmo uma presença amiga; uma lareira que irradia calor"[74] (BEAUVOIR, 1989, p. 29).

Tanto Electra como Laurence desenvolvem sentimento de raiva por suas mães, nutrindo amor e idealizando a figura paterna: "É do pai que ela mais gosta no mundo — e vê Dominique muito mais. A minha vida assim: era do meu pai que eu gostava e fora minha mãe que me fizera"[75] (BEAUVOIR, 1989, p. 27). E ainda no trecho que diz: "O que a deixa com o coração partido é essa repulsão que se mistura à piedade: como se sentisse pena de um sapo ferido, sem decidir-se a tocar nele. Ela tem horror a Gilbert, e à mãe dela também"[76] (BEAUVOIR, 1989, p. 97).

Laurence divide seus afetos em dois polos antagônicos. Apresenta aversão a Dominique, julgando seu comportamento, de modo que deixa evidente que sua mãe apresenta uma ameaça, sobretudo quando seus pais reatam, na conclusão do romance: "Estou com ciúmes simplesmente. Édipo mal liquidado, minha mãe permanecendo a minha rival. Eletra, Agamenon"[77] (BEAUVOIR, 1989, p. 138).

O homem confina a mulher num universo limitado, que ele julga ser, para ela, algo bastante considerável. Deve-se pensar, expressar e desenvolver em menor escala do que ele. Inserida nesse rígido confinamento que a faz crer incapaz, enquanto o marido e o amante transpiram potência, Laurence profere frases como: "Realmente, está tudo bem. Não tenho o dinamismo dele [de Jean-Charles]; mas justamente, para as crianças, faz um equilíbrio. A menos que eu seja distraída demais"[78] (BEAUVOIR, 1989, p. 29).

---

[74] "Ce qu'elle a cru retrouver chez Jean-Charles, chez Lucien, lui seul le possède: sur son visage, un reflet de l'infini. Être à soi-même une présence amie; être un foyer qui rayonne de la chaleur" (BEAUVOIR, 2015, p. 36).

[75] "C'est son père qu'elle aime le plus — le plus au monde — et elle voit Dominique bien davantage. Toute ma vie ainsi: c'est mon père que j'aimais et ma mère qui m'a faite" (BEAUVOIR, 2015, p. 33).

[76] "Ce qui la déchire, c'est cette répulsion qui se mêle à sa pitié: comme elle aurait pitié d'un crapaud blessé, sans se décider à le toucher. Elle a horreur de Gilbert, mais aussi ele sa mère" (BEAUVOIR, 2015, p. 125).

[77] "Je suis tout simplement jalouse. O Edipe mal liquidé, ma mère demeurant ma rivale. Électre, Agamemnon" (BEAUVOIR, 2015, p. 179).

[78] "Vraiment, tout va bien. Je n'ai pas son dynamisme; mais justement, pour les enfants, ça s'équilibre. A moins que je ne sois trop distraite" (BEAUVOIR, 2015, p. 37).

Esse fragmento integra um diálogo que Laurence tem com seu pai a respeito de Catherine. Pode-se notar que, nesse pequeno trecho, ela faz um elogio ao marido, destacando o caráter dinâmico dele e tomando para si a falta de vigor.

Tomando como base a oração proferida por Laurence: "— Eu não tenho princípios" (sentença III), é possível considerá-la a partir de duas perspectivas. Sob a ótica da filosofia, de acordo com Aristóteles, "[...] todas as causas são princípios. [...] Princípio é o ponto de partida do ser, do devir ou do conhecer" (ABBAGNANO, 2000, p. 792). Para os estoicos, "os princípios não são gerados e são incorruptíveis" (ABBAGNANO, 2000, p. 792). Nesse sentido, tendo em vista a sentença mencionada, as ações de Laurence mostram o contrário. Muitas vezes, ela não é honesta consigo nem com os outros, o que inclui a dificuldade em lidar com a relação entre aparência e realidade, principalmente porque está envolvida em relações sociais mediadas por jogos de imagens fetichizados, que a impossibilitam de ter consistência real das experiências cotidianas que constituem seu universo tanto pessoal quanto profissional.

Envolta nesse mundo de imagens, ela não acessa diretamente sua subjetividade, por estar bloqueada pela condição social em que vive, onde a aparência se apresenta mais relevante do que a disposição em ser genuína.

Sob outra perspectiva, pelo caminho da psicologia, é significativo pensar sobre a forma como a personagem se relaciona com seu *Self*. Algumas frases, como a supramencionada, são *pensamentos automáticos negativos* que ela dirige a si própria. A respeito da autocrítica, Dina Patrícia Guerreiro (2011, p. 22) elucida a relação entre esta e a depressão, defendendo que os indivíduos podem sentir-se abatidos diante das críticas que fazem a si mesmos, chegando a submeterem-se a elas, existindo

> [...] uma maior susceptibilidade para desenvolver uma depressão quando as pessoas se sentem derrotadas pela parte de si que critica, pelo que este estado clínico parece ter origem na incapacidade das pessoas para se defenderem dos seus próprios auto-ataques.

Como discutido anteriormente, Laurence já passou por um episódio depressivo e apresenta sintomas depressivos, que podem ser observados nas seguintes passagens:

- Incapacidade de sentir prazer ou alegria:

> Ela conheceu uns amargos tormentos, uma certa irritação, uma certa desolação, o desnorteio, o vazio, o tédio; sobretudo o tédio (BEAUVOIR, 1989, p. 29).

> Há dias assim, em que a gente levanta com o pé esquerdo, em que nada dá prazer! (BEAUVOIR, 1989, p. 16).

- Autodesvalorização:

> Tornei-me tão ignorante! [...] Me parecia não ter mais futuro: Jean-Charles, as meninas, eles sim tinham; eu não. Então, para que me cultivar? Círculo vicioso: me desleixava, me entediava e me sentia cada vez mais sem a posse de mim mesma (BEAUVOIR, 1989, p. 34).

> Não tenho a sua cultura (BEAUVOIR, 1989, p. 125).

> — Eu não tenho princípios[79] (BEAUVOIR, 1989, p. 28).

Essa última frase ela fala durante um diálogo com o pai, no qual este responde: "Você não os ostenta, mas você é correta, isto é melhor do que o contrário [...]" (BEAUVOIR, 1989, p. 28). Em seguida, o narrador heterodiegético comenta: "[...] o que ela não daria por um elogio dele?"[80] (BEAUVOIR, 1989, p. 28).

A protagonista, além de ver seu pai como um modelo de pessoa a ser seguido e de idealizá-lo, sente-se honrada pelo fato dele reconhecer que ela tem virtudes. Essa e outras evidências (que serão abordadas à frente), encontradas na narrativa, manifestam a necessidade da atenção e dos elogios do pai para que ela se sinta valorizada enquanto mulher. **É possível atentar ainda para a indiferença com que Laurence recebe os elogios do marido e do amante, e o contentamento quando seu pai enaltece suas qualidades:**

---

[79] "Elle a connu quelques aigres déchirements, une certaine irritation, une certaine désolation, du désarroi, du vide, de l'ennui: surtout l'ennui" (BEAUVOIR, 2015, p. 36).
"Oh! il ne faut pas s'inquiéter; il y a des jours comme ça ou on se lève du mauvais pied où on ne prend plaisir à rien!" (BEAUVOIR, 2015, p. 19).
"[...] je suis devenue si ignorante! [...] Il me semblait n'avoir plus d'avenir: Jean-Charles, les petites en avaient un; moi pas; alors à quoi bon me cultiver? Cercle vicieux: je me négligeais, je m'ennuyais et je me sentais de plus en plus dépossédée de moi" (BEAUVOIR, 2015, p. 43).
"Je n'ai pas ta culture" (BEAUVOIR, 2015, p. 161).
"— Moi, je n'ai pas de principes!" (BEAUVOIR, 2015, p. 35).

[80] "— Tu n'en affiches pas, mais tu es droite, ça vaut mieux que le contraire [...]" (BEAUVOIR, 2015, p. 35).
"Pour un éloge de lui, que ne donnerait-elle pas?" (BEAUVOIR, 2015, p. 35).

"Ela ri, bebe um gole de suco de laranja, se sente bem"[81] (BEAUVOIR, 1989, p. 28). Conforme elucida Halberstadt-Freud (2006, p. 50), "[...] ela [Electra] idealiza o pai, na esperança de que com ele finalmente o idílio, que fracassou com a mãe, possa se realizar".

No caso de Laurence, essa idealização ocorre de maneira marcante como acontece com Electra, pois ambas lidam com a separação dos pais[82], e culpam as mães por esse processo: "[...] este andava pela casa feito uma alma abandonada, com tanta dureza que ela saiu assim que Marthe casou [...]"[83] (BEAUVOIR, 1989, p. 8–9).

Ademais, outra particularidade comum entre as duas personagens é o ódio que ambas sentem pelos amantes de suas mães, sinalizando que a aversão que elas têm pelas mães conduz à rejeição de seus atuais companheiros. "Atrás dela, Gilbert resmunga asneiras; ela não aperta a mão dele e bate a porta, odeia-o. É um alívio poder confessar de repente para si mesma: 'Sempre detestei Gilbert.' [...] 'Eu o odeio!'"[84] (BEAUVOIR, 1989, p. 39).

Um debate que ocorre na obra de Beauvoir, importante de se destacar, diz respeito à forma como as personagens se posicionam sobre o feminino. Laurence critica Dominique, Marthe, sua colega de trabalho (Mona), se colocando como um sujeito que repudia mulheres e reproduz padrões que as colocam em posição de subordinação. Conforme ela afirma, nunca teve amigas e, a respeito de uma amiga que sua irmã tivera, faz um comentário depreciativo: "Marthe teve uma amiga, a filha de um amigo do papai, tapada e burra. Eu não. Nunca"[85] (BEAUVOIR, 1989, p. 45).

Isso mostra que a dominação masculina, constituída a partir das estruturas do patriarcado, condiciona Laurence a nutrir uma rivalidade feminina, demostrando falta de sororidade. Ela é branca, abastada, heterossexual, cisgênero, colocando-se como reprodutora do discurso dominante e proferindo ideias machistas, como se pode constatar na seguinte passagem: "'O lado convulsivo das mulheres', diz Jean-Charles que é, porém, feminista.

---

[81] "Elle rit, elle boit une gorgée de jus d'orange, elle se sent bien" (BEAUVOIR, 2015, p. 35).

[82] Deve-se destacar a diferença entre os dois casos. O pai de Electra, Agamênon, é assassinado pela sua mãe e pelo amante; e essa ocorrência não se dá em *Les belles images*.

[83] Nesse trecho, a tradução alterou o valor semântico. O substantivo "dureza" se refere a Dominique, não ao seu ex-marido, como sugere a tradução em português. "[...] il errait dans la Maison comme une âme en peine, avec quelle dureté elle est partie aussitôt Marthe mariée [...]" (BEAUVOIR, 2015, p. 9). "[...] ele (papai) vagava pela casa como uma alma que sofre, com aquela dureza ela partiu assim que Marthe se casou [...]." (tradução nossa).

[84] "Derrière elle, Gilbert marmotte des fadaises, elle ne lui tend pas la main, elle claque la porte, elle le hait. C'est un soulagement de pouvoir s'avouer; soudain: 'J'ai toujours détesté Gilbert.' [...] 'Je le hais!'" (BEAUVOIR, 2015, p. 48).

[85] "Marthe a eu une amie, la fille d'un ami de papa, bouchée et sotte. Moi non. Jamais" (BEAUVOIR, 2015, p. 55).

Luto contra. Detesto as convulsões, por isso o melhor é evitar as oportunidades"[86] (BEAUVOIR, 1989, p. 35). Esses elementos recém-elencados conferem benefícios a ela, tornando efetiva a reprodução dos padrões oriundos da cultura patriarcal, expressos devido à sua condição de mulher privilegiada.

Outro momento relevante sobre o tema ocorre durante um diálogo entre Thirion, Gisèle Dufrène e Jean-Charles, no qual discutem sobre mulheres no mercado de trabalho e sobre feminismo; e o primeiro tem uma posição extremamente machista:

> — O que eu penso das minhas colegas magistradas, querida senhora? diz para Gisèle. Muitas coisas boas; um grande número delas são mulheres charmosas e um grande número delas têm talento (geralmente não são as mesmas). Mas uma coisa é certa: nunca nenhuma será capaz de advogar em tribunais criminais. Não têm o fôlego, nem a autoridade, nem — vocês vão estranhar — o senso teatral necessários.

> **— Já vimos mulheres fazendo sucesso em profissões que** *a priori* lhes pareciam proibidas, diz Jean-Charles.

> — A mais esperta, a mais eloquente, juro a vocês que diante de um júri, acabo com ela numa bocada só[87] (BEAUVOIR, 1989, p. 77–78).

Ante essa discussão, é oportuno citar Sara Ahmed (2018, p. 16) quando defende que "el feminismo está donde el feminismo necesita estar. El feminismo necesita estar en todas partes". E complementando: ele é necessário durante todo o processo histórico social se se pretende destruir as bases solidificadas que estruturam e mantêm firmes as barbaridades do patriarcado.

Nas suas falas, o advogado Thirion adota uma postura de desprezo e discriminação das mulheres, defendendo que elas devem ocupar um lugar de menor destaque na sociedade, especificamente no âmbito profissional. Fica subentendido que as mulheres devem se resignar, não podendo almejar

---

[86] "'Le côté convulsif des femmes', dit Jean-Charles qui est pourtant féministe. Je lutte contre; j'ai horreur de me convulser, alors le mieux c'est d'éviter les occasions" (BEAUVOIR, 2015, p. 44).

[87] "— Qu'est-ce que je pense de mes consoeurs, petite madame? dit-il à Gisele. Le plus grand bien; beaucoup sont des femmes charmantes et beaucoup ont du talent (en général ce ne sont pas les mêmes). Mais une chose est sûre: jamais aucune ne sera capable de plaider aux Assises. Elles n'ont pas le coffre, ni l'autorité, ni — je vais vous étonner — le sens théâtral nécessaires.
— On a vu des femmes réussir dans des métiers qui a priori leur paraissaient interdits, dit Jean-Charles.
— La plus maligne, la plus éloquente, je vous jure que devant un jury je n'en ferai qu'une bouchée, dit Thirion" (BEAUVOIR, 2015, p. 99).

cargos preenchidos por homens ou ocupar uma posição no mercado de trabalho, de modo que, conforme pensam os misóginos (como o Sr. Thirion), o espaço que compete a elas é o espaço privado de suas residências. Para eles, já é bastante elas se ocuparem dos filhos, da administração da casa e dos jantares beneficentes, assim como faz a Sra. Thirion:

> — [...] é uma linda ideia: no jantar de 25 de janeiro, em benefício das crianças carentes, será servido por vinte mil francos o menu dos indianozinhos: uma tigela de arroz e um copo d'água. Muito bem! a imprensa de esquerda faz chacota. O que diriam se comêssemos caviar e *foie gras*![88] (BEAUVOIR, 1989, p. 78).

A senhora Thirion se mostra intolerante ao se referir às crianças indianas com inferioridade e desprezo. Ela tem uma postura colonialista quando as trata com superioridade, como se não fossem dignas de uma alimentação tipicamente francesa (caviar e *foie gras*), restando-lhes apenas um elemento de base alimentar da Índia: o arroz. Dessa maneira, a personagem descaracteriza o valor da riqueza cultural desse país, negligenciando sua diversidade culinária. O discurso da Sra. Thirion, a respeito dos indianos, reflete o seu caráter xenófobo, constituído por intolerância étnico-cultural às pessoas provenientes de uma outra região.

Dentro do contexto mencionado, referente ao debate acerca das mulheres no mercado de trabalho e do feminismo, Laurence escuta, não se posiciona, e se afasta:

> O feminismo: ultimamente só se fala nisso. Imediatamente Laurence se ausenta. É como a psicanálise, o Mercado Comum, as forças armadas, ela não sabe o que pensar a respeito, ela não pensa nada a respeito. Sou alérgica[89] (BEAUVOIR, 1989, p. 78).

Nesse segmento do texto, ficam evidentes as duas vozes: a do narrador heterodiegético, que faz um comentário a respeito de Laurence ("[...] ela não sabe o que pensar a respeito, ela não pensa nada a respeito"); e a do narrador autodiegético ("Sou alérgica"). A primeira faz uma crítica negativa à protagonista, mostrando seu nível de alienação com relação à psicanálise, à

---

[88] "— C'est quand même une jolie idée: au dîner du 25 janvier, au bénéfice de l'enfance affamée, on nous servira pour vingt mille francs le menu des petits Indiens: un bol de riz et un verre d'eau. Eh bien! la presse de gauche ricane. Que dirait-on si nous mangions du caviar et du foie gras!" (BEAUVOIR, 2015, p. 100).

[89] "Le féminisme: ces temps-ci on en parle tout le temps. Aussitôt Laurence s'absente. C'est comme la psychanalyse, le Marché commun, la force de frappe, elle ne sait pas qu'en penser, elle n'en pense rien. Je suis allergique" (BEAUVOIR, 2015, p. 99).

economia, à política e aos movimentos sociais, enquanto a segunda expressa incômodo com relação a essas questões, porém pretende falsear a realidade, escondendo sua alienação. As pessoas entregues a essas condições não cumprem seu papel social e comprometem o processo da construção de si.

Quando Laurence afirma ser alérgica a todos esses assuntos, na verdade ela não quer apontar sua falha: negar o conhecimento, a experiência do pensamento, o debate. A alergia é uma tentativa de defesa, uma reação a algum agente. Desse modo, depreende-se que a personagem se recusa a compreender os objetos, como se analisar os processos culturais, ideológicos e sociais fosse lhe causar algum mal-estar ou incômodo.

Outros dois fragmentos que merecem ser destacados no romance dizem respeito à violência contra a mulher. O primeiro caso se refere à agressão física cometida por Gilbert, em que rasga a roupa de Dominique e lhe dá um tapa no rosto:

> Ela [Laurence] entra no quarto cujas cortinas estão fechadas. Na penumbra percebe-se um vaso virado no chão, tulipas espalhadas, uma poça d'água no carpete. Dominique se joga numa *bergère*: como outro dia, a cabeça virada para trás, os olhos fixados no teto, prantos incham seu pescoço de cordas enrijecidas. A frente do roupão está rasgada, os botões arrancados:
>
> — Ele me deu uma bofetada[90] (BEAUVOIR, 1989, p. 96).

A outra situação é atribuída ao amante de Laurence, quando este ameaça violentá-la por não aceitar a ruptura repentina do relacionamento:

> — É atroz o que você está falando. Lucien se levanta: — Vamos para casa. Você vai me deixar com vontade de bater em você.
>
> Seguem em silêncio até a casa de Laurence. Ela desce e fica hesitando durante um momento na beira da calçada.
>
> — Então, até logo, diz ela.

---

[90] "Elle [Laurence] entre dans sa chambre dont les rideaux sont tirés. Dans la pénombre on aperçoit par terre un vase renversé, des tulipes éparpillées, une flaque d'eau sur la moquette. Dominique se jette sur une bergère: comme l'autre jour, la tête renversée en arriere, les yeux au plafond, des sanglots gonflent son cou aux cordes raidies. Le devant du peignoir est déchiré, les boutons arrachés:
– Il m'a giflée" (BEAUVOIR, 2015, p. 123).

— Não. Até logo não; seu carinho, pode enfiá-lo...[91]

Vou mudar de firma e nunca mais vou revê-la na vida (BEAU-VOIR, 1989, p. 87–88).

Em *O segundo sexo*, Beauvoir (1967, p. 221) explora de forma acentuada o tema da violência, que é tão marcante na compreensão das dinâmicas relacionais e na constituição de papéis atribuídos à mulher e aos homens no contexto da civilização patriarcal. Conforme a autora, "nas mãos de um homem, a lógica é muitas vezes violência". E mais à frente, ela assevera que

> [...] a própria mulher reconhece que o universo em seu conjunto é masculino; os homens modelaram-no, dirigiram-no e ainda hoje o dominam; ela não se considera responsável; está entendido que é inferior, dependente; não aprendeu as lições da violência, nunca emergiu, como um sujeito, em face dos outros membros da coletividade; fechada em sua carne, em sua casa, apreende-se como passiva em face desses deuses de figura humana que definem fins e valores (BEAUVOIR, 1967, p. 364).

Educadas para serem obedientes à figura masculina (pai, irmãos, avôs, tios, marido, patrão, líderes religiosos), as mulheres delegam, desde cedo, suas vidas aos poderes desses homens. Suas decisões precisam do aval deles, sua segurança é confiada a eles, criando uma atmosfera de dominação explícita, como se elas não tivessem capacidade de lidar com sua liberdade e independência. Por meio do discurso dominante, fica clara a ideia que eles possuem e propagam com veemência: a de que mulheres são "crianças grandes", eternas incapazes e dependentes.

Marilena Chauí (2003, p. 42), ao debater a contraposição entre violência e ética, sustenta que a primeira se opõe à segunda

> [...] porque trata seres racionais e sensíveis, dotados de linguagem e de liberdade como se fossem coisas, isto é, irracionais, insensíveis, mudos, inertes ou passivos. Na medida em que a ética é inseparável da figura do sujeito racional, voluntário, livre e responsável, tratá-lo como se fosse desprovido de razão, vontade, liberdade e responsabilidade é tratá-lo não como humano, e sim como coisa.

---

[91] O tradutor suprime a expressão "no cu". O texto original está da seguinte forma: "— Non. Pas au revoir; ton affection, tu peux te la mettre au cul" (BEAUVOIR, 2015, p. 112).

ESTILHAÇOS DE PAIXÃO E BELEZA: A TOMADA DE CONSCIÊNCIA EM *A PAIXÃO SEGUNDO G.H.* (1964), DE CLARICE LISPECTOR, E *LES BELLES IMAGES* (1966), DE SIMONE DE BEAUVOIR

Desse modo, os homens, não reconhecendo as mulheres como sujeitos, presumem ter uma espécie de licença social para praticarem atos de violência. No contexto do romance, a ruptura inesperada de Laurence com Lucien deixa-o enfurecido e, por pouco, não comete uma agressão física contra ela. O amante não quer aceitar o fim do relacionamento, não sabe lidar com a rejeição. E além de demonstrar um comportamento agressivo, ele age como se ela fosse sua propriedade e como se o tivesse afrontado, já que foi ela quem interrompeu a relação.

No caso da mãe de Laurence, como fora mencionado, a violência física se concretiza. Dominique envia um telegrama a Patricia, nova namorada de Gilbert e motivo de separação, contando que a mãe dessa última, Lucile, já fora amante dele no passado. Diante dessa situação, Gilbert se sente traído, fica furioso, e violenta Dominique. Esses dois eventos têm algo em comum: os dois homens se enfurecem, e o primeiro ato no qual eles pensam após serem acometidos pela ira é a agressão.

Os homens imaginam que são dominadores, e as mulheres, as submissas, levando-os a crer que a integridade física, moral, psíquica e sexual delas está sob domínio deles.

A tomada de consciência de Laurence

Mulheres cansadas

"Estou convencida de que a grande maioria dos mal-estares e doenças que afligem as mulheres têm causas psíquicas. E por causa da tensão moral de que falei, por causa de todas as tarefas que elas assumem, das contradições do ambiente no qual se debatem, que as mulheres estão constantemente cansadas, até o limite das forças. Isso não significa que seus males sejam imaginários: eles são reais e devorantes como a situação que exprimem. Mas a situação não depende do corpo, é este que depende dela. Assim, a saúde não prejudicará o trabalho da mulher quando esta tiver na sociedade o lugar de que precisa. Pelo contrário, o trabalho a ajudará poderosamente a obter um equilíbrio físico, não lhe permitindo que se preocupe com este sem cessar."

Quem diz isso? Uma das mulheres que mais estudaram os problemas de outras mulheres: Simone de Beauvoir. Você concorda?

(Clarice Lispector, 2006, p. 59)

O quarto e último capítulo tem início com uma alusão a um filme de Buñuel, outrora debatida. Aparentemente, há uma relação entre o "círculo mágico" no qual "as pessoas repetiam por acaso um momento do seu passado", referente à obra do artista mencionado, e a recidiva de um episódio depressivo, como o que Laurence sofrera há cinco anos. Porém, existem novos elementos que integram essa segunda crise, os quais serão objeto de discussão neste item.

No primeiro parágrafo, Laurence se pergunta: "Onde fracassei?" (BEAUVOIR, 1989, p. 119), e imediatamente responde: "Nem sei. Não tenho palavras para me queixar ou ficar sentida. Mas esse nó na garganta me impede de comer"[92] (BEAUVOIR, 1989, p. 119). Falar sobre as frustrações é uma forma de encontrar alívio, mas se observa, ao longo da narrativa, que a protagonista tem dificuldade de expressar seus sentimentos e emoções.

Esse impasse fica evidente nas ocasiões em que evita emitir opiniões sobre vários assuntos e no modo como se relaciona com as pessoas, demonstrando frieza nas suas relações. Para ela, "o amor também é liso, higiênico, rotineiro" (BEAUVOIR, 1989, p. 22), quando se refere ao seu casamento com Jean-Charles; e "o adultério é funcional"[93] (BEAUVOIR, 1989, p. 51), no momento em que pensa no seu relacionamento extraconjugal com Lucien.

Nesse capítulo, Laurence recorda a viagem que fez à Grécia com seu pai: "Deitada, os olhos fechados, recapitularei essa viagem imagem por imagem, palavra por palavra"[94] (BEAUVOIR, 1989, p. 119).

Quando o avião está em processo de decolagem, e Paris vai ficando para trás, a personagem também tem a sensação de estar abandonando os seus problemas, além de ter a impressão de que, com essa viagem, terá a oportunidade de descobrir o segredo que torna seu pai tão diferente dos outros e dela mesma, "capaz de suscitar esse amor"[95] (BEAUVOIR, 1989, p. 118) que só sente por ele.

Ela está encantada com a possibilidade de passar vinte dias ao lado do pai e, sentindo que os acontecimentos eram reais, não tinha "a impressão de desempenhar o papel de turista num filme publicitário" (BEAUVOIR, 1989, p. 120). Vivenciar o afastamento das estratégias e da superficialidade do mundo da publicidade, e experienciar, com as gentilezas e a companhia

---

[92] "Qu'ai-je manqué? Je nele sais même pas. Je n'ai pas de mots pour me plaindre ou pour regretter. Mais ce nreud dans ma gorge m'empêche de manger" (BEAUVOIR, 2015, p. 153).

[93] "L'amour aussi est lisse, hygiénique, routinier" (BEAUVOIR, 2015, p. 27). "l'adultère, c'est fonctionnel" (BEAU-VOIR, 2015, p. 63).

[94] "Couchée, les yeux fermés, je récapitulerai ce voyage image par image, mot par mot" (BEAUVOIR, 2015, p. 153).

[95] "capable de susciter cet amour que je n'éprouve que pour lui" (BEAUVOIR, 2015, p. 152).

dele, momentos felizes: "E eu soube o que significava essas palavras que se lê nos livros: felicidade"[96] (BEAUVOIR, 1989, p. 120).

Para descrever o cenário grego, a personagem-narradora compara objetos ou lugares a alimentos: "os táxis gregos têm estranhas cores de sorvete de cássis, de gelado de limão" (BEAUVOIR, 1989, p. 120); "na praça que parecia um imenso terraço de café" (BEAUVOIR, 1989, p. 120); "secas casinhas cor de pão de rala"[97] (BEAUVOIR, 1989, p. 121). Com o uso de metáfora, a autora auxilia o(a) leitor(a) na produção das imagens, atribuindo a elas mais veracidade.

Laurence passa por um momento de crise, e deitada na cama, recorda a viagem por meio do recurso do *flashback*. A narrativa tem algumas intervenções, no presente, de Marthe e de Jean-Charles, que tentam convencê-la a se alimentar e consultar um médico. Para Mary Lawrence Test (1994, p. 22, tradução nossa),

> A crise que submeteu Laurence em *Les Belles Images* parece ser mais de ordem intelectual do que afetiva. Saindo dos limites de sua rotina, Laurence toma consciência que o mundo existe, que os homens não são felizes. E ela descobre que não pode fazer nada a respeito, o que ela prevê através de um dilúvio de fotos publicitárias, imagens na televisão, notícias jornalísticas — das quais ela tenta proteger suas duas filhas.[98]

A personagem descreve suas visitas aos monumentos e paisagens naturais: as colinas, o Partenon, a Acrópole, Delfos, o antro da Pítia, o estádio, os templos, o Auriga. Nesse último, ela admite não sentir a comoção a qual seu pai tanto prenunciara: "'Dá um choque, não? — Sim. É bonito!' Eu entendia o que podia ver nesse grande homem de bronze verde; mas o choque, não o experimentava. Sentia um certo mal-estar e até remorsos por isso"[99] (BEAUVOIR, 1989, p. 122).

---

[96] "l'impression de jouer un rôle de touriste dans un film publicitaire"; "Et j'ai su ce que voulait dire ce mot qu'on lit dans les livres: bonheur" (BEAUVOIR, 2015, p. 155).

[97] "ces taxis grecs ont d'étranges couleurs de sorbet au cassis, de glace au citron"; "Sur la place qui a l'air d'une immense terrasse de café" (BEAUVOIR, 2015, p. 155). "de sèches petites maisons couleur de pain bis" (BEAUVOIR, 2015, p. 155–156).

[98] "La crise que subit Laurence dans *Les Belles Images* paraît d'ordre intellectuel plutôt qu'affectif. Quittant les confins de sa vie routinière, Laurence prend conscience du fait que le monde existe, que les hommes ne sont pas heureux. Et elle constate qu'elle n'y peut rien, ce qu'elle prévoit à travers un deluge de photos publicitaires, d'images à la television, de faits-divers journalistiques — dont elle essaie de protéger ses deux filles" (TEST, 1994, p. 22).

[99] "'Ça donne un choc, non? — Oui. C'est beau!' Je comprenais ce qu'on pouvait lui trouver à ce grand homme en bronze vert; mais le choc, je ne l'éprouvais pas. J'en avais du malaise et même des remords" (BEAUVOIR, 2015, p. 157).

A protagonista vivencia momentos epifânicos. O primeiro ocorre em Delfos, num café, onde, ao som de uma pequena orquestra, uma menina de 3 ou 4 anos começa a dançar: "girava em torno de si mesma, os braços para cima, o rosto afogado em êxtase, com um ar muito louco. Transfigurada, desvairada"[100] (BEAUVOIR, 1989, p. 122). Nesse instante, o pensamento de Laurence fica completamente voltado para a garota, conduzida pela música e pela dança a essa expressão profana e sem restrições. Ali, diante de uma manifestação inesperada, a personagem-narradora analisa a relação entre a inocência da criança e sua espontaneidade, qualidades que se perdem com os mecanismos de repressão e a conservação da ordem burguesa.

A mãe da criança, que também é motivo de reflexão, representa apatia e controle diante do vigor empolgante que a criança expressa: "[...] insensível à música, à noite, por vezes jogava um olhar bovino na pequena inspirada" (BEAUVOIR, 1989, p. 123). Essa circunstância em que Laurence se encontra, "esse instante apaixonado", a faz pensar nos valores dominantes que os pais reproduzem nos filhos. Ela é o reflexo de Dominique, e da mesma forma que teme que a "adorável bacante" um dia se pareça com a mãe: "pequena condenada à morte, horrível morte sem cadáver; a vida ia assassiná-la" (BEAUVOIR, 1989, p. 123), também receia que Catherine seja vítima dos padrões de dominação: "eu pensava em Catherine que estavam assassinando"[101] (BEAUVOIR, 1989, p. 123).

As expressões "nuca crescer" e "rodopiar durante a eternidade" demonstram que a personagem anseia que Catherine e a criança sejam livres, e aquela manifestação de liberdade do corpo bailarino não acabe.

Outro evento epifânico se dá em Micenas, onde Laurence não sente "o tal choque" de que seu pai falava, mas "um pânico". Nesse instante, se inicia, de forma mais profunda, sua desconstrução, e a epifania se dá de modo tão crítico como com a personagem G.H. Ou seja, esse momento é caracterizado por um mal-estar que corresponde à alteração da realidade ordenada. No caso de Laurence, ela sentia que "[...] estava à beira da vertigem, absorvida por um turbilhão, sacudida, negada, reduzida a *nada*"[102] (BEAUVOIR, 1989, p. 124).

---

[100] "elle tournait sur elle-même, les bras soulevés, le visage noyé d' extase, l'air tout à fait folle. Transportée par la musique, éblouie, grisée, transfigurée, éperdue" (BEAUVOIR, 2015, p. 158).

[101] "Insensible a la musique, à la nuit, elle jetait parfois un regard bovin sur la petite inspirée"; "Cet instant passioné n'aurait pas de fin"; "adorable ménade"; "Petite condamnée à mort, affreuse mort sans cadavre"; "Je pensai à Catherine qu'on était en train d'assassiner" (BEAUVOIR, 2015, p. 158).

[102] "et j'étais au bord d'un vertige, prise dans un tourbillon, ballottée, niée, réduite à *rien*" (BEAUVOIR, 2015, p. 160).

ESTILHAÇOS DE PAIXÃO E BELEZA: A TOMADA DE CONSCIÊNCIA EM *A PAIXÃO SEGUNDO G.H.* (1964), DE CLARICE LISPECTOR, E *LES BELLES IMAGES* (1966), DE SIMONE DE BEAUVOIR

No retorno do sítio arqueológico de Micenas, a protagonista diz invejar o significado que seu pai confere à história da tradição ocidental, e declara: "Não tenho a sua cultura" (sentença VI), e ainda: "Sinto-me estranha a todos esses séculos defuntos que me esmagam"[103] (BEAUVOIR, 1989, p. 125). Com base nesse último enunciado e na leitura do quarto capítulo, verifica-se que ela estabelece uma contestação à história convencional que valoriza o passado grego glorioso e seu legado ao Ocidente.

O pai de Laurence se mostra bastante entusiasmado com as visitas aos museus:

> Papai se plantou diante de uma vitrine, começou a enumerar as épocas, os estilos, suas particularidades: período homérico, período arcaico, vasos com figuras negras, com figuras vermelhas, com fundo branco; me explicava as cenas representadas nos seus bojos[104] (BEAUVOIR, 1989, p. 129–130).

De modo contrário, ela, finalmente, depois de tanto ocultar a verdade, revela estar enfastiada: "Para mim, esses vasos me afligiam e, enquanto avançávamos de vitrine em vitrine, o meu incômodo ia crescendo até a angústia e eu pensava: 'fracassei em tudo.' Parei e disse: 'Não aguento mais!'"[105] (BEAUVOIR, 1989, p. 130).

Visitando os monumentos, contrariando as expectativas de seu pai, Laurence não se surpreende, como antes, com a opulência dessas belas imagens clássicas. Em estado de angústia, mesmo se esforçando para se agradar diante de tudo que foi visto, ela afirma ser em vão, pois "o passado continuava morto".

Beauvoir, fiel ao pensamento de Nietzsche, faz alusão ao abandono das visões totalizantes da história. O filósofo alemão, em suas *Considerações extemporâneas* (NIETZSCHE, 1983), abre caminhos para o debate crítico dos fundamentos da razão ocidental e seu modelo constitutivo de humano. Ao longo de sua carreira, a crítica a esse modelo ocidental vai tomando consistência, e sua filosofia influenciará a geração dos existencialistas e dos frankfurtianos.

---

[103] "Je me sens étrangère à tous ces siècles défunts et ils m'écrasent" (BEAUVOIR, 2015, p. 161).

[104] Papa s'est planté devant une vitrine, il a commencé à m'énumérer les époques, les styles, leurs particularités: période homérique, période archaïque, vases à figures noires, à figures rouges, à fond blanc; il m'expliquait les scènes représentées sur leurs flancs" (BEAUVOIR, 2015, p. 167).

[105] "Moi, ces vases m'assommaient et comme nous avancions de vitrine en vitrine mon ennui s'exaspérait jusqu'à l'angoisse en même temps que je pensais: 'J'ai tout manqué.' Je me suis arrêtée en disant: 'Je n'en peux plus!'" (BEAUVOIR, 2015, p. 167–168).

Esse passado envelhecido, que não mais surpreende Laurence, reflete na diluição que esta faz da figura paterna, concebendo-o, agora, como um espectro da antiguidade grega. A negação das belas imagens e de todo seu valor histórico, artístico e cultural se alia à desconstrução da imagem que Laurence tem do pai: o homem íntegro e de ampla erudição.

A ruptura com as categorias: passado, Ocidente e patriarcado conduz a personagem-narradora ao caminho da emancipação, impulsionada pela contestação dos valores estabelecidos pelo racionalismo europeu e pela moderna sociedade burguesa.

A viagem à Grécia a faz refletir sobre a desigualdade social, tema que ela antes evitava:

> Quando parávamos em alguma aldeia, muitas vezes ficava constrangida pelo contraste entre tanta beleza e tanta miséria. [...] Os camponeses do Peloponeso não pareciam nem um pouco contentes, nem as mulheres que quebravam pedras nas estradas, nem as menininhas que carregavam baldes d'água pesados demais[106] (BEAUVOIR, 1989, p. 125).

Laurence pensa por si, não mais reproduz os discursos dos outros. Ela se sensibiliza com a miséria do país onde percebe que turistas simulam o fascínio pelas paisagens naturais e pelos monumentos, imagens vendidas pelo universo da publicidade:

> Grupos, casais escutavam os guias com um interesse cortês e fazendo força para não bocejar. Habilidosas publicidades os haviam convencido de que iriam experimentar aqui êxtases indescritíveis e ninguém na volta ousaria confessar ter ficado completamente indiferente; incitariam seus amigos a verem Atenas e a cadeia de mentiras se perpetuaria, as belas imagens permanecendo intactas apesar de todas as desilusões[107] (BEAUVOIR, 1989, p. 130).

A personagem observa que os turistas têm comportamentos performáticos, compreendendo os espaços como produtos destinados ao consumo. Na Grécia, ou em qualquer outro lugar, eles estão mais inseridos num contexto

---

[106] "Quand nous nous arrêtions dans quelque bourgade, j'avais été souvent gênée parle contraste entre tant de beauté et tant de misère. [...] Mais les villageois du Péloponnèse n'avaient pas l'air contents du tout, ni les femmes qui cassaient des cailloux sur les routes, ni les fillettes portant des seaux d'eau trop lourds" (BEAUVOIR, 2015, p. 162).

[107] "Des groupes, des couples écoutaient les guides avec un intérêt poli ou en se retenant de bâiller. D'adroites réclames les avaient persuadés qu'ils goûteraient ici des extases indicibles; et personne au retour n'oserait avouer être resté de glace; ils exhorteraient leurs amis à aller voir Athènes et la chaîne de mensonges se perpétuerait, les belles images demeurant intactes en dépit de toutes les désillusions" (BEAUVOIR, 2015, p. 168).

de espetacularização do que realmente interessados na história da arte e nos fundamentos da civilização ocidental.

O *flashback* finaliza com essas considerações de Laurence sobre o ciclo ilusório que alimenta a indústria do turismo. Enquanto, no presente, Marthe, preocupada, lhe oferece um caldo, porque ela não come há dois dias. Depois de se alimentar, ela vomita e se joga em cima da cama, esgotada.

Alguns trabalhos defendem que a protagonista de *Les belles images* sofre de anorexia, como é o caso de Koski (1992, p. 58, tradução nossa): "No último capítulo do romance, Laurence 'doente', sofrendo de anorexia, se lembra da viagem que fez à Grécia com seu pai"; Lynette Wrigley-Brown (2008, p. 198, tradução nossa): Laurence sente tudo isso intuitivamente, mas não diz, e se torna anoréxica"[108]; Elizabeth Scheiber (2005, p. 103, tradução nossa) diz:

> O romance *Les belles images*, de Simone de Beauvoir, termina com um apontamento aparentemente otimista: Laurence, a protagonista, recupera de sua doença (um surto de anorexia aguda), enfrenta seu marido Jean-Charles, e promete que suas filhas terão uma experiência diferente da dela.[109]

María Isabel Saéz (2009, p. 23) relaciona anorexia à crise de identidade de Laurence, ou seja, ela sofre devido ao processo de ruptura com o papel social exercido até então:

> Percebendo, em seu retorno da Grécia, que ela 'não era uma imagem; mas outra coisa também, nada', Laurence permanece trancada, no ninho, na escuridão de seu quarto, enrolada em seu corpo e sofrendo de uma anorexia severa, que é apenas a manifestação corporal de uma falta de identidade pessoal.[110]

E Gillian Ni Cheallaigh (2015, p. 81, tradução nossa) compreende a anorexia da personagem como um ato simbólico: "Com sua anorexia, Laurence experimenta o potencial semiótico, o vazio aterrador, em seu próprio

---

[108] "Dans le dernier chapitre du roman, Laurence 'malade', souffrant d'anorexie, se rappelle le voyage qu'elle a fait en Grèce avec son père" (KOSKI, 1992, p. 58).
"Laurence sent tout cela intuitivement, mais ne le dit pas, et en devient anorexique" (WRIGLEY-BROWN, 2008, p. 198).

[109] "Simone de Beauvoir's novel *Les belles images* ends on a seemingly optimistic note: Laurence, the protagonist, rises from her illness (a bout of acute anorexia), stands up to her husband jean-charles, and vows that her children will have a different experience from hers" (SCHEIBER, 2005, p. 103).

[110] "Se rendant compte à son retour de Grèce qu'elle 'n'est plus une image, mais pas autre chose non plus, rien', Laurence reste enfermée et 'couvée' dans la noirceurs de sa chamber, recroquevillée sur son corps et atteinte d'une sévère anorexie qui n'est que la manifestation corporelle d'une absence d'identité personnelle" (SAÉZ, 2009, p. 23).

núcleo, 'esse buraco, esse vazio, que congela o sangue, que é pior que a morte', e o próprio ato de regurgitação oferece alívio [...]".[111]

Partindo dessas abordagens supramencionadas, que consideram a falta de apetite de Laurence e os vômitos como caracterizadores de um transtorno alimentar, pode ser feita uma leitura que toma outra direção que não aquela da clinicalização ou patologização da mulher. De acordo com os estudos de Alison Holland (2009, p. 1), "é amplamente reconhecido que, ao longo da história, as mulheres que resistiram à autoridade patriarcal foram definidas como loucas e silenciadas". Nenhuma consulta é realizada, havendo apenas uma suposição do médico, Dr. Lebel, com quem Jean-Charles conversa, de que a protagonista de *Les belles images* sofre de anorexia.

De acordo com o projeto *Les Belles Images: A Diagnosis in Literature*, realizado por estudantes de medicina, da Universidade de Edimburgo, Timothy Brook *et al.* (2015, tradução nossa), que fazem análises de personagens de textos literários a partir de uma perspectiva médica, a "anorexia nervosa abrange mais do que simplesmente não comer". Desse modo, "Laurence não atende aos critérios de diagnóstico padrão para distúrbios alimentares, apresentando muito pouca preocupação com a imagem corporal ou o peso".[112]

A tensão pela qual passa a personagem é uma manifestação do hápax existencial que, conforme aponta Onfray (1999), é sempre precedido por um *estado de tensão* do corpo, posto que os desconfortos existenciais causam sintomas físicos. A decisão de não se alimentar simboliza a ruptura com o papel social exercido até então, representa a revolta contra a manipulação dos outros (FALLAIZE, 1988). Enquanto que o vômito representa a eliminação de tudo que resta dessa mulher que ela tende a expelir por completo, até se sentir aliviada:

> Para agradá-los, Laurence engole o caldo. Há dois dias que ela não come. E daí? Se ela não está com fome. Os olhares preocupados deles. Esvaziou a xícara, e o seu coração começa a bater, fica coberta de suor. Só o tempo de correr até o banheiro e de vomitar; como anteontem e trasanteontem. Que alívio! Queria se esvaziar mais totalmente ainda, vomitar-se

---

[111] "With her anorexia Laurence experiences the semiotic potential, the terrifying void, at her own core, 'ce creux, ce vide, qui glace le sang, qui est pire que la mort', and the act of regurgitation itself offers relief [...]" (NI CHEALLAIGH, 2015, p. 81).

[112] "anorexia nervosa encompasses more than simply not eating."; "Laurence does not meet the standard diagnostic criteria for eating disorders, presenting very little concern over body image or weight."

totalmente. Passa água na boca, se joga em cima da cama, esgotada, acalmada[113] (BEAUVOIR, 1989, p. 131).

A crise parece ter fim, na conclusão do romance, depois que Laurence se impõe a Jean-Charles:

— Não chame o médico, não estou desvairando. Eu digo o que penso, e mais nada. Oh! não faça essa cara.

— Não entendo nada do que está falando.

Laurence faz um esforço e fala em voz racional:

— É simples. Sou eu quem cuida de Catherine. Você intervém de quando em vez. Mas sou eu que a educo, e sou eu quem deve tomar decisões. Estou tomando-as. Criar um filho não é fazer uma bela imagem...[114] (BEAUVOIR, 1989, p. 140).

Ela decide que suas filhas seguirão caminhos diferentes do seu, que terão liberdade e autonomia, sendo importante ressaltar que a noção de liberdade que se destaca aqui não é aquela compreendida pela perspectiva liberal, mas a noção sartreana de que ser livre compreende a relação inter-subjetiva eu-outro.

A protagonista do romance, após passar por processos epifânicos, durante sua permanência na Grécia, demonstra não ser mais a mesma mulher. Ela toma consciência em virtude das reflexões suscitadas no decorrer e após a viagem. Alguém que passa por esse processo, e que afirma não ser uma imagem, não apresenta sintomas como aqueles que se manifestam nas pacientes com anorexia. Elas são, geralmente, vítimas do culto à imagem perfeita, da moda, da sociedade capitalista; aspectos, aparentemente, aban-donados por Laurence.

Será que ela sofre de anorexia? Ou os vômitos são evidências da limpeza pela qual deseja passar para negar os instrumentos opressivos e os

---

[113] Pour leur faire plaisir, Laurence l'avale. Deux jours qu'elle n'a pas mangé. Et apres? Puisqu'elle n'a pas faim. Leurs regards inquiets. Elle a vidé la tasse, et son coeur se met à battre, elle se couvre de sueur. Juste le temps de se précipiter à la salle de bains et de vomir; comme avant-hier et le jour d'avant. Quel soulagement! Elle voudrait se vider plus entièrement encore, se vomir tout entière. Elle se rince la bouche, se jette sur son lit épuisée, calmée" (BEAUVOIR, 2015, p. 168–169).

[114] "— N'appelle pas le médecin, je ne déraille pas. Je dis ce que je pense, c'est tout. Oh! ne fais pas cette tête-là.
— Je ne comprends rien à ce que tu racontes. Laurence fait un effort, elle prend une voix raisonnable:
— C'est simple. C'est moi qui m'occupe de Catherine. Toi tu interviens de loin en loin. Mais c'est moi qui l'élève, et c'est à moi de prendre des décisions. Je les prends. Élever un enfant, ce n'est pas en faire une belle image..." (BEAUVOIR, 2015, p. 181–182).

valores superficiais que lhes foram impostos por Dominique, Jean-Charles e pelo grupo social em que está inserida?

O desfecho do romance de Beauvoir sinaliza que Laurence se restabelece, e que, a partir de então, irá manifestar suas vontades e opiniões: "Laurence passa a escova nos seus cabelos, se recompõe. Para mim os dados estão lançados, pensa ela olhando a sua imagem [...]"[115] (BEAUVOIR, 1989, p. 141).

A expressão "os dados estão lançados", título de um livro de Sartre (1992), aparece de forma análoga em *O ser e o nada*:

> Quando delibero, os dados já estão lançados. [...] Há, portanto, uma escolha da deliberação como procedimento que irá me anunciar aquilo que projeto e, por conseguinte, o que sou. E a escolha da deliberação é organizada com o conjunto móbeis – motivos – fim pela espontaneidade livre. Quando a vontade intervém, a decisão já está tomada, e a vontade não tem outro valor senão a de anunciadora (SARTRE, 2007, p. 557).

Laurence escolhe poder determinar o sentido da sua própria vida. Deliberar sobre suas mudanças e escolhas, e não se deixar ser conduzida ou silenciada pelos outros. Ela abre mão da "espontaneidade não-voluntária" em prol do "ato voluntário".

Na conclusão de *A paixão segundo G.H.*, esta também opta pela transformação, abdicando da sua vida cotidiana alienada. A última parte do romance inicia com a oração: "A desistência é uma revelação". A travessia ocorrida no quarto, no qual G.H. tem experiência epifânica e do hápax, a faz refletir sobre sua existência supérflua e decidir abandoná-la. Sua *via-crúcis* é caracterizada pela *insistência* e pela *desistência*: a necessidade de insistir para seguir nesse processo de enfrentamento do seu *abismo* para alcançar a essência do humano; e desistir da vida reduzida a objetividades e práticas simbólicas reproduzidas no seu contexto social.

---

[115] "Laurence brosse ses cheveux, elle remet un peu d'ordre dans son visage. Pour moi les jeux sont faits [...]" (BEAUVOIR, 2015, p. 183).

CONSIDERAÇÕES FINAIS

Um elemento de convergência entre os dois romances estudados é o seu vínculo com as epistemologias dissidentes. No que concerne ao plano das ideias, *Les belles images* empreende um debate da crítica à modernidade e à civilização europeia. Dessa forma, considera possível alcançar a emancipação feminina com a destruição desse modelo de sociedade e do sistema patriarcal.

No caso de *A paixão segundo G.H.*, para cumprir sua travessia e tomar consciência, a personagem se dispõe a exercer uma *via-crúcis* do corpo, negando o padrão androcêntrico constituído pelo modelo civilizatório. Nesse contexto, vê-se a dominação masculina como um mecanismo de elaboração de regras de poder sobre a mulher, que oprime seu *território selvagem*, e que, somente se lançando no primitivo, pode resgatar sua liberdade.

Em *A paixão segundo G.H.*, o percurso realizado pela personagem ocorre de maneira diferente daquele feito pela protagonista de *Les belles images*. G.H. se propõe a fazer a travessia, mergulhando no processo de transformação, e se dispondo a sofrer todas as consequências. Enquanto Laurence vai percebendo, aos poucos, a emergência desse processo. Nesse caso, ela sente a necessidade de percorrer o caminho da emancipação, mas, muitas vezes, o negligencia, temendo mudanças.

Neste estudo, foi feito um recorte da crítica feminista existencialista, corrente de pensamento que sustenta as ideias contidas nas duas obras. Desse modo, compreendeu-se a tomada de consciência, experienciada pelas protagonistas, como um evento que integra as reflexões existenciais.

Demonstrou-se que as posições de contestação do patriarcado relativas aos textos analisados não se vinculam ao feminismo liberal e institucional, mas sim ao feminismo de caráter libertário, apresentando reflexões que surgem no século XVIII e que se estendem até o século XX, no qual Beauvoir elabora seu pensamento feminista-existencial.

Discorreu-se sobre os conceitos de epifania, hápax e tomada de consciência, objetivando evidenciar suas particularidades para melhor compreender esses fenômenos no decurso das narrativas. Dedicou-se à análise dos elementos narrativos, a fim de elucidar a estrutura dos dois romances, definindo seus aspectos essenciais, e possibilitando a construção dos sentidos e da identidade de cada obra.

Pôde-se acompanhar a trajetória de duas personagens que se entregam à mudança. G.H. passa pelo processo em um único dia, e Laurence se dispõe a resolver seus conflitos por vários dias. Esta, inserida num contexto familiar que, por vezes, a entedia e sufoca. Aquela se desconstrói e se constrói apenas com a presença da barata e com os vestígios de Janair. Ambas passam por momentos epifânicos, hápax, alcançam a tomada de consciência e, resolvendo suas crises, são conduzidas à conversão de novos corpos.

REFERÊNCIAS

ABBAGNANO, N. **Dicionário de filosofia**. São Paulo: Martins Fontes, 2000.

ADORNO, T. **Palavras e Sinais**. Modelos críticos 2. Petrópolis: Vozes, 1995.

ADORNO, T. W.; HORKHEIMER, M. **Dialética do esclarecimento**. Fragmentos filosóficos. Rio de Janeiro: Zahar, 2003.

AHMED, S. **Vivir una vida feminista**. Barcelona: Bellaterra, 2018.

AMARAL, E. **O leitor segundo G. H.** Tese (doutorado) — Universidade Estadual de Campinas (Unicamp), Faculdade de Educação, Campinas, 2001, 177 f.

ANGELFORS, C. La parole paralysée: une lecture du mode da narration dans "Les belles images" de Simone de Beauvoir. **Simone de Beauvoir Studies**, v. 8, n. 1, 1991, p. 131–136.

ANTELO, R. Os valores táteis de uma egípcia. **Arquivo Maaravi**: Revista Digital de Estudos Judaicos da UFMG, Belo Horizonte, v. 10, n. 19, nov. 2016, p. 1–9.

ARAUJO, A. L. Aquela que "salva" a mãe e o filho. **Tempo**, v. 15, n. 29, dez. 2010, p. 43–66.

ARAUJO, N. da S. M. de. Escrevivências de uma professora afroindígena. **Odeere**: Revista do Programa de Pós-Graduação em Relações Étnicas e Contemporaneidade – UESB, v. 3, n. 5, jan./jun. 2018, p. 186–197.

ASCH, S. E. Opinions and Social Pressure. **Scientific American**, v. 193, n. 5, nov. 1955, p. 31–35.

AUERBACH, E. **Mimesis**. A representação da realidade na literatura ocidental. 6. ed. São Paulo: Perspectiva, 2013.

BACHELARD, G. **A poética do espaço**. São Paulo: Martins Fontes, 1993.

BACHELARD, G. **A Terra e os devaneios do repouso**. São Paulo: Martins Fontes, 2001.

BAKHTIN, M. **Estética da criação verbal**. 2. ed. São Paulo: Martins Fontes, 1997.

BAKHTIN, M. **Estética da criação verbal**. 5. ed. São Paulo: Martins Fontes, 2010.

BAKHTIN, M. **Problemas da Poética de Dostoiévski**. 3. ed. Rio de Janeiro: Forense Universitária, 2005.

BAKUNIN, M. **Catecismo revolucionário**. Programa da sociedade da revolução internacional. São Paulo: Faísca; Imaginário, 2009.

BARBOSA, D. P. C. A escritura anacrônica de Clarice Lispector: tarefa de traduzibilidade. **Revista Letras**, Curitiba, UFPR, n. 95, jan./jun. 2017, p. 109–122.

BARTHES, R. *et al.* **Análise estrutural da narrativa**. Petrópolis: Vozes, 2011.

BEAUVOIR, S. **A força das coisas**. 3 ed. Rio de Janeiro: Nova Fronteira, 2013.

BEAUVOIR, S. **As belas imagens**. Uma mulher contesta o seu destino. São Paulo: Nova Fronteira 1989.

BEAUVOIR, S. **Les belles imagens**. Paris: Gallimard, 2015.

BEAUVOIR, S. Littérature et métaphysique. *In*: BEAUVOIR, S. **L'existentialisme et la sagesse des nations**. Paris: Gallimard, 2008.

BEAUVOIR, S. **Memórias de uma moça bem-comportada**. Rio de Janeiro: Nova Fronteira, 1983.

BEAUVOIR, S. **O segundo sexo**. 2. ed. Rio de Janeiro: Nova Fronteira, 2009.

BEAUVOIR, S. **O segundo sexo**. A experiência vivida. v. 2, 2. ed. São Paulo: Difusão Europeia do Livro, 1967.

BEAUVOIR, S. **O segundo sexo**. Fatos e mitos. v. 1, 4. ed. São Paulo: Difusão Europeia do Livro, 1970.

BENJAMIN, W. **A tarefa do tradutor**. Belo Horizonte: Fale/UFMG, 2008.

BENJAMIN, W. **Magia e técnica, arte e política**: ensaios sobre literatura e história da cultura. Obras escolhidas. v. 1, 8. ed. São Paulo: Brasiliense, 2012.

BERGES, D. A crítica temática. *In*: BERGES, D. *et al.* (org.). **Métodos críticos para a análise literária**. São Paulo: Martins Fontes, 1997.

BORGES FILHO, O. Espaço e literatura: introdução à topoanálise. XI Congresso Internacional da ABRALIC — Tessituras, Interações, Convergências. **Anais...** São Paulo: USP, 13 a 17 de julho de 2008, p. 1–7.

BOSI, A. **História concisa da literatura brasileira**. 43. ed. São Paulo: Cultrix, 2006.

BOURDIEU, P. **A dominação masculina**. Rio de Janeiro: Bertrand Brasil, 2003.

BRASIL, A. **Clarice Lispector**. Ensaios. Rio de Janeiro: Simões, 1969.

BREE, G.; MOROT-SIR, É. **Histoire de la littérature française**. Du surréalisme à l'empire de la critique. Paris: Garnier-Flammarion, 1996.

BRENNER, J. **Tableau de la vie littéraire en France**: d'avant-guerre à nos jours. Paris: Lineau-Ascot, 1982.

BROOK, T. *et al. Les Belles Images*: A Diagnosis in Literature (Simone de Beauvoir: 1966). Edinburgh: The University of Edinburgh, 2015. Disponível em: http://studentblogs.med.ed.ac.uk/2015-ssc2b-b17/diagnosis/eating-disorders/. Acesso em: 22 maio 2020.

BUTLER, J. **Problemas de gênero**. Feminismo e subversão da identidade. 9. ed. Rio de Janeiro: Civilização Brasileira, 2015.

CAMUS, A. **A queda**. São Paulo: Círculo do Livro, 1986.

CAMUS, A. **O mito de Sísifo**. 3. ed. Rio de Janeiro: Record, 2006.

CASTRO, E. V. de. Entrevista com Eduardo Viveiros de Castro. **Primeiros Estudos**, São Paulo, v. 1, n. 2, 2012, p. 151–267.

CASTRO, E. V. de. As três fontes de resistência ao perspectivismo. Conferência de encerramento com Eduardo Viveiros de Castro durante o seminário **Variações do Corpo Selvagem**: Eduardo Viveiros de Castro, fotógrafo, realizado em outubro de 2015, no Sesc Ipiranga. São Paulo: SESC, 23 de agosto de 2018, 1h40min50s. Disponível em: https://www.youtube.com/watch?v=neWz33m6dgI.

CASTRO, E. V. de. **Metafísicas canibais**. Elementos para uma antropologia pós-estrutural. São Paulo: Cosac Naify, 2015.

CASTRO, E. V. de. Os pronomes cosmológicos e o perspectivismo ameríndio. **Mana**, v. 2, n. 2, 1996, p. 115–144.

CHANEL BALAS, A. **La prise de conscience de sa maniere d'apprendre**. De la métacognition implicite à la métacognition explicite. Docteur en Science de l'éducation (thèse de doctorat) — Université Grenoble II, Pierre Mendes-France U.F.R., Sciences de l'Homme et de la Société Departement Sciences de l'**Éducation**, Saint-Martin-d'Hères, 1998, 325 p.

CHAUÍ, M. Ética, política e violência. *In*: CAMACHO, T. (ed.). **Ensaios sobre violência**. Vitória: Edufes, 2003, p. 39–59.

CHAVES, L. S. Memória e ficção: em meio aos deslocamentos literários. **Em Tese**. Belo Horizonte, v. 20, n. 3, set./dez. 2014, p. 66–79.

CHEVREL, Y. **Littérature comparée**. 5. ed. Paris: Presses Universitaires de France, 2006.

CIXOUS, H. **A hora de Clarice Lispector**. Rio de Janeiro: Exodus, 1999.

CIXOUS, H. Aproximação de Clarice Lispector. Deixar-se ler (por) Clarice Lispector: A Paixão segundo C.L. **Revista Tempo Brasileiro**, Rio de Janeiro, v. 1, n. 1, trimestral, 1962, p. 9–24.

CIXOUS, H. **L'heure de Clarice Lispector**. Paris: Éditions des Femmes, 1989.

COELHO, I. L. **Quem matou o autor foi o crítico**: a resenha literária em *Critique* e *Les temps modernes*. Dissertação (mestrado) — Programa de Pós-Graduação em Língua e Literatura Francesa, Faculdade de Filosofia, Letras e Ciências Humanas da Universidade de São Paulo (USP), São Paulo, 2009, 104 f.

Coleção Os Pensadores: seleção de textos de Gérard Lebrun. São Paulo: Abril Cultural, 1983, p. 53–81.

DAVIS, A. As mulheres negras na construção de uma nova utopia. São Paulo: **Instituto Geledés** — Instituto da Mulher Negra, 2011. Disponível em: http://www.geledes.org.br/as-mulheres-negras-na-construcao-de-uma-nova-utopiaangela-davis/. Acesso em: 21 jan. 2019.

DAVIS, A. **Mulheres, raça e classe**. São Paulo: Boitempo, 2016.

DEBORD, G. **A sociedade do espetáculo**. Comentários sobre a sociedade do espetáculo. São Paulo: Contraponto, 1997.

DELEUZE, G. **Conversações**. São Paulo: 34, 1992.

DELEUZE, G. **Diferença e repetição**. Rio de Janeiro: Graal, 1988.

DELEUZE, G. Imanência: uma vida... **Educação e Realidade**, v. 2, n. 27, jun./dez. 2012, p. 10–18.

DELEUZE, G.; GUATTARI, F. **Mil platôs**: capitalismo e esquizofrenia. v. 3. (Coleção TRANS). São Paulo: 34, 1996.

DELEUZE, G.; GUATTARI, F. **Mil platôs**: capitalismo e esquizofrenia. v. 4. (Coleção TRANS). São Paulo: 34, 1997.

DELEUZE, G.; GUATTARI, F. **O anti-Édipo**: capitalismo e esquizofrenia. São Paulo: 34, 2010.

DOSTOIÉVSKI, F. **Memórias do subsolo**. São Paulo: 34, 2000.

ECO, U. **A obra aberta**. São Paulo: Perspectiva, 1971.

ERIKSSON, L. **Mariage et sexualité dans** *Les belles images* **de Simone de Beauvoir**. Une comparaison avec les années 60 en France. Växjö: Växjö Universitet, 2004.

FALLAIZE, E. **The novels of Simone de Beauvoir**. London: Routledge, 1988.

FIORIN, J. L. **Introdução ao pensamento de Bakhtin**. São Paulo: Ática, 2006.

FORSTER, E. M. **Aspectos do romance**. Rio de Janeiro: Globo, 2005.

GENETTE, G. **O discurso da narrativa**. 3. ed. Lisboa: Veja, 1995.

GENETTE, G. **Paratextos editoriais**. Cotia: Ateliê Editorial, 2009.

GENNEP, A. van. **Os ritos de passagem**. Petrópolis: Vozes, 2011.

GODBOUT, J. T. Introdução à dádiva. **Revista Brasileira de Ciências Sociais**, v. 13, n. 38, 1997, p. 1–24.

GOTLIB, N. Um fio de voz. Histórias de Clarice. *In*: LISPECTOR, C. **A paixão segundo G.H.** Edição crítica e coordenação de Benedito Nunes. Florianópolis: EdUFSC, 1988, p. 161–195.

GUERREIRO, D. P. das. N. V. **Necessidade psicológica de auto-estima/auto--crítica**: relação com bem-estar e distress psicológico. Dissertação (mestrado em Psicologia Clínica e da Saúde) — Faculdade de Psicologia, Universidade de Lisboa, Lisboa, 2011, 114 f.

HALBERSTADT-FREUD, H. Electra versus Édipo. **Psychê**, São Paulo, ano X, n. 17, jan./jun. 2006, p. 31–54.

HANCIAU, N. J. O entre-lugar. *In*: FIGUEIREDO, E. **Conceitos de literatura e cultura**. Juiz de Fora: Ed. UFJF; Niterói: EdUFF, 2005, p. 215–241.

HEIDEGGER, M. **O ser e o tempo**. v. 1. Petrópolis: Vozes, 2000.

HIBBS, F. A. **L'espace dans les romans de Simone de Beauvoir**: son expression e sa fonction. Palo Alto: Anma Libri, 1988.

HOLLAND, A. **Excess and transgression in Simone de Beauvoir's fiction**. The discourse of madness. London; New York: Routledge, 2009.

HOLLOWAY, J. **Fissurar o capitalismo**. São Paulo: Publisher Brasil, 2013.

HUSSERL, E. **A crise da humanidade europeia e a filosofia**. 3. ed. Porto Alegre: EdPUCRS, 2008.

IANNACE, R. **A leitora Clarice Lispector**. São Paulo: Edusp, 2001.

JORDÃO, T. D. **A paixão segundo G.H., de Clarice Lispector**: transtextualidade bíblica. Dissertação (mestrado em Letras) — Faculdade de Letras, UFMG, Belo Horizonte, 2007, 122 f.

KIERKEGAARD, S. A. **O conceito de Angústia**. Petrópolis: Vozes; São Paulo: Editora Universidade São Francisco, 2010.

KOSKI, R. H. *Les belles images* de Simone de Beauvoir: la femme et le langage. **Simone de Beauvoir studies**, v. 9, n. 1, nov. 1992, p. 55–59.

KRISTEVA, J. **Beauvoir presente**. São Paulo: Sesc, 2019.

LIMA, T. S. O dois e seu múltiplo: reflexões sobre o perspectivismo em uma cosmologia Tupi. **Mana**, v. 2, n. 2, 1996, p. 21–47.

LISPECTOR, C. **A hora da estrela**. Rio de Janeiro: Rocco, 1998.

LISPECTOR, C. **A paixão segundo G.H.** Rio de Janeiro: Rocco, 2014.

LISPECTOR, C. A via-crúcis do corpo. *In*: LISPECTOR, C. **Todos os contos**. Prefácio e organização de Benjamin Moser. Rio de Janeiro: Rocco, 2016.

LISPECTOR, C. **Correio feminino**. Rio de Janeiro: Rocco, 2006.

MACHADO, I. A questão espaço-temporal em Bakht*In*: cronotopia e exotopia. **Círculo de Bakht*In***: teoria inclassificável. v. 1. São Paulo: Mercado de Letras, 2010, p. 1–19.

MACIEL, L. da C. Perspectivismo Ameríndio. *In*: **Enciclopédia de Antropologia**. São Paulo: Universidade de São Paulo, Departamento de Antropologia, 2019. Disponível em: http://ea.fflch.usp.br/conceito/perspectivismo-amer%C3%ADndio.

MARCUSE, H. **A ideologia da sociedade industrial**. O homem unidimensional. 4. ed. Rio de Janeiro: Zahar, 1973.

MARCUSE, H. **Eros e civilização**. Uma interpretação filosófica do pensamento de Freud. São Paulo: Círculo do Livro, 1983.

MARTÍNEZ, M. J. **Teoría** y crítica de la novela existencialista. Tesis (doctoral) — Universidad Complutense de Madrid, Facultad de Filología, Departamento de Lengua Española y Teoría de la Literatura y Literatura Comparada, Madrid, 2011, 567 f.

MASCARENHAS, A. Uma vida de pura imanência. **Trilhas Filosóficas**, v. 2., n. 1, jan./jun. 2009, p. 95–114.

MERLEAU-PONTY, M. **Fenomenologia da percepção**. 2. ed. São Paulo: Martins Fontes, 1999.

MIGNOLO, W. **Desobediencia epistémica**: retórica de la modernidad, lógica de la colonialidad y gramática de la descolonialidad. Buenos Aires: Del Signo, 2010.

MIRANDA, A. dos R. **Mary Wollstonecraft e a reflexão sobre os limites do pensamento liberal e democrático a respeito dos direitos femininos (1759–1797)**. Dissertação (Mestrado em História) — Setor de Ciências Sociais, Humanas, Letras e Artes, Universidade Federal do Paraná, Curitiba, 2010, 155 f.

MONTEIL, C. Jean-Paul Sartre e Simone de Beauvoir: a lendária história de amor dos intelectuais segundo uma amiga do casal. Entrevista concedida a Louise Hidalgo. **BBC News Brasil**. Série "Witness", BBC. 2 de março de 2019. Disponível em: https://www.bbc.com/portuguese/geral-47380084. Acesso em: 15 dez. 2019.

MOURA, C. E. de. Sartre e a consciência no processo da construção de si: o "Eu" como valor e projeto. VII Seminário de Pós-Graduação em Filosofia da UFSCar. **Anais...** 2011, p. 116–122.

MOURA, M. L. de. **A mulher é uma degenerada**. São Paulo: Tenda de Livros, 2018.

NI CHEALLAIGH, G. **Three generations of women writing mad woman in French**: Simone de Beauvoir, Emma Santos, Linda Lê. Thesis submitted for the king's College London degree of Doctor of Philosophy, Department of French, King's College London, London, 2015, 255 f.

NICOLAS-PIERRE, D. **L'oeuvre fictionnelle de Simone de Beauvoir**: l'existence comme un roman. (thèse de doctorat) — Littérature française du XXe siècle, Université Paris-Sorbonne, Paris, 2013, 555 p.

NIETZSCHE, F. **A gaia ciência**. São Paulo: Companhia das Letras, 2012.

NIETZSCHE, F. **Além de bem e de mal**. Prelúdio de uma filosofia do porvir. Curitiba: Hemus, 2001.

NIETZSCHE, F. **Assim falou Zaratustra**. Um livro para todos e para ninguém. São Paulo: Companhia da Letras, 2011.

NIETZSCHE, F. Considerações extemporâneas. *In*: NIETZSCHE, F. **Obras incompletas**. Coleção Os pensadores. São Paulo: Editora Nova Cultural, 1999, p. 267 – 298.

NIETZSCHE, F. **Genealogia da moral**. Uma polêmica. São Paulo: Companhia das Letras, 2007.

NIETZSCHE, F. **O crepúsculo dos ídolos**. Ou a filosofia a golpes de martelo. Curitiba: Hemus, 2006.

NIETZSCHE, F. **Vontade de poder**. Rio de Janeiro: Contraponto, 2008.

NUNES, B. **O drama da linguagem**. Uma leitura de Clarice Lispector. 2. ed. São Paulo: Ática, 1995.

NUNES, B. **O tempo na narrativa**. São Paulo: Loyola, 2013.

OLIVEIRA, C. M. de. A paixão segundo G.H. (O caso G.H.). **Espéculo**, n. 51, jul./dez. 2013, p. 69–76.

ONFRAY, M. **A arte de ter prazer**. Por um materialismo hedonista. São Paulo: Martins Fontes, 1999.

ONFRAY, M. **A escultura de si**. A moral estética. Rio de Janeiro: Rocco, 1995.

ONFRAY, M. **A potência de existir**. São Paulo: Martins Fontes, 2010.

ONFRAY, M. **Contra-história da filosofia**. Eudemonismo social. v. 5. São Paulo: Martins Fontes, 2013.

PAIXÃO, S. Um sopro de vida na hora da estrela: uma leitura das crônicas de Clarice Lispector. **Revista Tempo Brasileiro**, Rio de Janeiro, v. 1, n. 1, trimestral, 1962, p. 111–120.

PASOLD, B. Maniqueísmo às avessas. **Travessia**, UFSC, n. 14, *Clarice Lispector (1925–1977)*, 1987, p. 118–124.

PRATA, T. de A. Consciência e auto relação na primeira filosofia de Sartre: um exame a partir de um debate contemporâneo sobre a consciência. **Ágora Filosófica**, Universidade Católica de Pernambuco, ano 16, n. 2, jun./dez. 2016, p. 76–92.

PROUDHON, P.-J. **De la justice dans la révolution et de l'église**. Nouveaux príncipes de philosophie pratique. Tome troisième. Paris: Librairie de Garnier Frères, 1858.

RAGO, M. Entre o anarquismo e o feminismo: Maria Lacerda de Moura e Luce Fabbri. **Verve**: Revista do Núcleo de Sociabilidade Libertária, São Paulo, PUC, v. 21, 2012, p. 54–77.

RAGO, M. *Mujeres Libres*: anarco-feminismo e subjetividade na Revolução Espanhola. **Verve**: Revista do Núcleo de Sociabilidade Libertária, São Paulo, PUC, v. 7, 2005, p. 132–152.

RAPUCCI, C. A. **Mulher e deusa**. A construção do feminino em *Fireworks* de Angela Carter. Maringá: UEM, 2011.

RATTS, A. J. P. Gênero, raça e espaço: trajetórias de mulheres negras. Associação Nacional de Pós-Graduação em Ciências Sociais. Caxambu, 21 a 25 de outubro de 2003. **Anais...** 2003, p. 1–20.

ROBBE-GRILLET, A. **Pour un nouveau roman**. Paris: Munuit, 1963.

ROSENFELD, A. Literatura e personagem. *In*: ROSENFELD, A. *et al.* **A personagem de ficção**. Rio de Janeiro: Perspectiva, 1976, p. 9–49.

SÁ, O. de. **A escritura de Clarice Lispector**. 3. ed. Petrópolis: Vozes, 2000.

SÁ, O. de. **Clarice Lispector**: a travessia do oposto. São Paulo: Annablume, 1993.

SÁ, O. de. Paródia e metafísica. *In*: LISPECTOR, C. **A paixão segundo G.H.** Edição crítica e coordenação de Benedito Nunes. Florianópolis: EdUFSC, 1988, p. 213–239.

SAÉZ, M. I. C. *Les Belles Images*: annonciatrices de la rupture du discours maître. **Simone de Beauvoir Studies**, v. 25, n. 1, nov. 2009, p. 20–30.

SAID, E. W. **Cultura e imperialismo**. São Paulo: Companhia das Letras, 2011.

SANTIAGO, S. O entre-lugar do discurso latino-americano. *In*: SANTIAGO, S. **Uma literatura nos trópicos**. Ensaios sobre dependência cultural. 2. ed. Rio de Janeiro: Rocco, 2000, p. 9–27.

SANTOS, B. de S.; MENESES, M. P. (org.). **Epistemologias do sul**. Coimbra: Almedina, 2009.

SARTRE, J.-P. **O ser e o nada**. Ensaio de ontologia fenomenológica. 15. ed. Petrópolis: Vozes, 2007.

SARTRE, J.-P. A transcendência do ego: esboço de uma descrição fenomenológica. **Cadernos Espinosanos**, v. 1, n. 22, tradução e apresentação de Alexandre de Oliveira Torres Carrasco, SARTRE, Jean-Paul (1937) "La transcendance de l'ego". *In*: Recherches Philosophiques, 2010, p. 183–228.

SARTRE, J.-P. **A transcendência do ego**. Petrópolis: Vozes, 2015.

SARTRE, J.-P. **O existencialismo é um humanismo**. Petrópolis: Vozes, 2014.

SARTRE, J.-P. **Os dados estão lançados**. 6. ed. Campinas: Papirus, 1992.

SARTRE, J.-P. **Que é a literatura?** São Paulo: Ática, 2004.

SARTRE, J.-P. Tradução do texto de Jean-Paul Sartre: une idée foundamentale de la phénoménologie de Husserl: L'intentionalité. **Veredas Favip**, Caruaru, v. 2, n. 1, jan./jun., 2005, p. 102–107.

SCHEIBER, E. S. Family, friendship, and neurosis in *Les Belles Images*. **Simone de Beauvoir Studies**, v. 21, n. 1, 15 nov. 2005, p. 103–113.

SCHOPENHAUER, A. **O mundo como vontade de representação**. Rio de Janeiro: Edições de Ouro, 1956.

SCHÖPKE, R. Corpo sem órgão e a produção da singularidade: a construção da máquina de guerra nômade. **Rev. Filos., Aurora**, Curitiba, v. 29, n. 46, jan./abr. 2017, p. 285–305.

SHAKESPEARE, W. **A trágica história de Hamlet**. Ridendo Castigat Moraes: Versão para e-book, 2000. Disponível em: www.ebooksbrasil.com.

SHOWALTER, Elaine. A crítica feminista no território selvagem. *In:* HOLLANDA, Heloisa Buarque de. (org.). **Tendências e impasses**: o feminismo como crítica da cultura. Rio de Janeiro: Rocco, 1994.

SIMON, P-.H. **Histoire de la littérature française au XXe siècle (1900–1950)**. v. 2, 8. ed. Paris: Armand Colin, 1956.

SOARES, R. da S. Negra nobreza: reis, rainhas e a aristocracia no imaginário negro. **Revista USP**, São Paulo, n. 69, mar./maio 2006, p. 92–103.

SOMOYAULT, T. **A intertextualidade**. São Paulo: Aderaldo & Rothshild, 2008.

SPIVAK, G. C. **Pode o subalterno falar?** Belo Horizonte: Ed. UFMG, 2010.

TEIXEIRA, T. Desafios contemporâneos sob a luz do existencialismo humanista de Sartre. **Sapere aude**, Belo Horizonte, v. 8, n. 16, ago./dez. 2017, p. 457–468.

TEJERO, A. M. Anarcofeminismo e identidad(es): una mirada histórica al anarcofeminismo en el Estado español. **Revista Internacional de Pensamiento Político**: I Época, v. 8, 2013, p. 81–94.

TELES, M. A. H.; LIBANORI, E. V. Uma discussão sobre o ser e o ente em *A paixão segundo G.H.*, de Clarice Lispector. **Revell**, v. 1, n. 18, 2018, p. 343–363.

TEST, M. L. Simone de Beauvoir: le refus de l'avenir l'image de la femme dans *Les Mandarins et Les Belles Images*. **Simone de Beauvoir Studies**, Los Angeles, v. 11, 1994, p. 19–29.

TOMÁS, J. A invisibilidade social, uma construção teórica. **Colóquio "Crise das Socializações"**. Abril, 2012, p. 1–12.

TRISTAN, F. **L'union ouvrière**. Paris: Édition Populaire; Prévot Libraire, 1843.

VICENTE, L. B. Psicanálise e psicossomática: uma revisão. **Revista Portuguesa de Psicossomática**, Porto, Sociedade Portuguesa de Psicossomática, v. 7, n. 1–2, jan./dez. 2005, p. 257–267.

WOLF, N. **Une littérature sans histoire**. Essai sur le Nouveau Roman. Genève: Librairie Droz, 1995.

WOLLSTONECRAFT, M. **Reivindicação dos direitos da mulher**. São Paulo: Boitempo, 2016.

WOOLF, V. **Um teto todo seu**. São Paulo: Círculo do Livro, 1994.

WRIGLEY-BROWN, L. **S'aneantir ou s'epanouir**: avatars 'ascetisme anorexique dans la littérature française du XIXe au XXIe siècle. Thesis submitted in partial fulfilment of the requirements for the degree of Doctor of Philosophy in French, The University of Auckland, 2008.

XAVIER, E. Narrativa de autoria feminina na literatura brasileira: as marcas da trajetória. **Mulheres e Literatura**, v. 3, 1999, p. 1–8.

ZERZAN, J. **Futuro primitivo**. Lisboa: Deriva, 2007.

ZERZAN, J. **Por que primitivismo?** [*s. l.*]: Contraciv, 2016.

ZOLIN, L. O. Crítica feminista. *In*: BONNICI, T.; ZOLIN, L. O. (org.). **Teoria literária**: abordagens históricas e tendências contemporâneas. 2. ed. Maringá: Eduem, 2015.